ユタによる、

八方塞がり 天の見方

三田じゅん 著

セルバ出版

はじめに

今、この瞬間。アナタの心は輝いていますか？

もしも、苦しかったり、辛かったり、悲しかったり、そうした一見ネガティブなエネルギーに満ちているとしたら、喜んでください。

それは、「宇宙から次元を上げるための招待状」なのです。必ずね、次元上昇をするときには、そういった一見、ネガティブなエネルギーを受けることになるのですよ。

八方塞がりって言葉があるじゃないですか。でも、八方が塞がったら、天を見ればいいのです。その、天の見方のコツというのがあるから、ここでゆっくり、そして、素早く、お伝えしようと思います。

私自身、何度も八方塞がりの経験があり、その度に天を見てきました。そして、その度に、人生がアップグレードしています。

天って、人生をアップグレードするとき、私達に「天を見て！」と言うようなアクションを起こすものなのです。そのアクションとは、強制的に八方塞がりの状態を起こしたりもします。

そこで、多くの「学び」を経験しながら次元上昇に繋げていくのです。

だけど、精神的に追い込まれて、いっぱいいっぱいの時に、「天を見て！」と言われても、なかなか自力では見られなくて、もがいている方々が多くいらっしゃると思います。

本書では、そんな方々のためにも、わかりやすく丁寧に、「原理」をお伝えしようと思いますので、ぜひ、最後まで読んでいただけると嬉しいです。

一緒に、次元上昇していきましょうね！

２０２４年４月

アナタを応援している、三田じゅん

ユタによる、八方塞がり天の見方　目次

第2章　宇宙意識

第3章　日常の中のスピリチュアル

第4章　スピリチュアル能力の高め方

第5章　意識の変え方

第6章　スピリチュアルな生活

第7章 人生をクリエイトする

第1章　ユタについて

1．ユタとは

奄美大島のユタについて

色々とお話をする前に、私の自己紹介をさせてください。

私は、奄美大島のユタ、三田じゅんです。生まれ育ったのは、アメリカなのですが、両親、先祖がすべて奄美大島出身で、簡単にいうと、１００％濃縮還元、奄美大島人です。

ユタとは、沖縄や奄美大島にいる民間霊媒師（シャーマン）のことです。昔から人々の問題や悩みに対してアドバイスをしてきた相談役のようなものです。現代でいうと、スピリチュアルカウンセラーの存在です。高次元やご先祖様からメッセージを受け取りながら、その方の悩みを解決していくアドバイスをしていきます。

ユタになる人

ユタになる人は、どのような人なのかというと、家系的にユタが多いと比較的ユタになりやすいです。サーダカンマリと呼ぶ霊的な力を発揮しやすい体質を持つ人もユタになる運命を持っています。そして、ユタは必ずカミダーリ（神障り）を経験することになります。何の前触れもなく、ある日突然起こるカミダーリはとても苦しいものです。原因不明の病気、高熱、食欲不振、意味不明な言葉が出てくるなどつらい状況が続きます。

これは病院などで治療ができるものではなく、ユタになることを決めれば治まり、修行や試練を乗り越えていくことになります。

イタコとユタの違い

青森県の恐山には故人交信の口寄せを行うイタコがいます。イタコは、故人を憑依させることによって、まるで会話をしているようにメッセージを伝えることが可能です。

イタコは主に弱視の女性が、師匠に弟子入り修行をしてなることができます。

ユタは家系的にユタになりやすかったり、もともとユタになる運命だった人が激しく辛いカミダーリを必ず経験、修行をしていくことでなれるものとなっています。

イタコとユタは似た存在でありながら、全く違う存在です。

2. 私について

幼少期からの霊能力

私自身は、ユタの多い家系だったせいか、誰に教わることもなく幼少の頃から自然とお祓いなどをやっていました。たとえば、部屋の隅に知らない人がしゃがんでいて、よく見ると足がなかったりして、その人とお話をしながら霊界へ行ってもらうように霊を上げる、そんなお祓いをしていました。

人には言えない力

ユタの能力が入っている母親は、私のそういう力をよく理解してくれていたのですが、霊が見えても人に言ったらダメだよと、教えられていました。

今では、スピリチュアルの世界が一般的になりつつありますが、私が子どもの頃はまだ、おかしな人扱いを受ける世界だったので、人に言えなかったのです。

ユタの方で、人が見えないことを口にして、精神病院に連れて行かれ、生涯、病院の中で過ごさないといけなくなった方々がたくさんいます。私はそうはなりたくなかったのです。

3．アメリカでの瞑想

1週間の瞑想期間

そんな私が大人になり、１９９９年から数年間アメリカに戻っていました。当時、アメリカでは、スピリチュアルの世界について、日本よりもすでに一般的で、瞑想やエネルギーワークなどを体験できる機会も多かったのです。

ある時、自分の使命を宇宙に聞くために、１週間の瞑想期間をつくったことがありました。食料などを買い込み、家から１歩も出ずにひたすら１週間、瞑想をしたのです。

天と地を繋ぐ使者

その時に、ずっと宇宙から降りてきた言葉が「天使」でした。「天と地を繋ぐ使者だ」と言われたのです。

そんなことを言われても、やり方がわからないし、どうしたらいいのかさえもわからず戸惑ったのですが、１週間の瞑想期間を終えて、町に出かけた時に不思議なことが起きました。

たまたま入ったお店３軒で、それぞれに天使のギフトをいただいたのです。それは、売りモノではないシールだったり、チラシだったり、ポストカードだったのですが、すべて天使の絵が描かれているモノが連続で私の目に入ってきたので、宇宙からの応援メッセージだなと感じました。

砂漠の寒さ

1週間の瞑想期間と同じ時期に、アメリカのカリフォルニア州南東部、ジョシュアツリー国立公園にある砂漠地帯で野宿をして、不思議な経験もしました。

その時は、野宿をするつもりがなく遊びに行っただけだったのですが、あまりにもその場所の波動が高く、心地よくて、そのまま朝まで滞在してしまったのです。

車で行ったのですが、ガソリンを満タンになるまで入れておらず、夜はエンジンを切らないと次の日に帰れなくなります。

冬の砂漠。そこは、夜はとても寒くて、昼間との寒暖差が激しかったのです。特に、毛布などの準備もしていなかったので、寒くて仕方がありませんでした。

気温としては0度なかったと思います。そんな気温だったのに半袖で行ってしまい、車の中でずっと震えていました。

満月のぬくもり

寒さが絶頂になった時、意識が朦朧とする中、このまま死ぬんじゃないかと思うようになり、死ぬなら最後に月を見てみたいと宇宙に祈っていました。

そんな状態が何時間経ったのかわからないのですが、急に身体が温かくなり、何かに包まれているような心地よい感覚になったので、ゆっくりと目を開けると、目の前に満月があったのです。

その満月を見た時に、私はもう死んだのだと思いました。だけど、温かく心地よくなったので、そのまま眠ってしまいました。そこからまた、何時間か経った時にあたりが明るくなって目が覚めました。そう、無事に生きて朝を迎えられたのです。

砂漠での宇宙からのメッセージ

地平線の左側に太陽があり、右側に月があり、今でも忘れられない美しい光景が目の前に広がっていました。その光景を見ていると、自然と瞑想状態に繋がり、宇宙から色々なメッセージを伝えてもらったのです。

その１つが「光の柱を立てなさい」ということと、もう１つが、「日本に帰りなさい」ということでした。

「光の柱」については意味がわからなかったのですが、「日本に帰りなさい」はすぐに実行できたので、アメリカ生活に終止符を打ち、砂漠での不思議な体験の３か月後には日本に帰国をしました。

それが、２００１年の時です。宇宙は私に何をやらせたいのか、不安でいっぱいの中、飛行機に乗ったのを今でも覚えています。大荷物を抱えながらの移動だったので、傍から見ると、家出少女に見えていたかもしれません。

（2001 年著者）

４．１回目のカミダーリ

原因不明の出血

日本に帰国してからは、音楽活動や画家の活動に夢中になり、アメリカでの砂漠の瞑想で宇宙から言われた「光の柱を立てなさい」の意味がわからないまま、それについては活動をしない日々を過ごしていました。すると、２００９年に原因不明の出血が半年間続きました。

これが、ユタ特有のカミダーリ、１回目の経験です。

生理の出血が止まらないから病院に行くのですが、病院で検査をしても、原因不明のため、治療ができなかったのです。処方されるのは鉄分だけで、「あー私はもうこのまま死ぬのかな」なんて思っていました。

それならば、行きたい所に行っておこうと、屋久島の旅に出る計画を立てました。屋久島の縄文杉に、どうしても会いたかったのです。

屋久島へと旅に出る

初めての屋久島だったので、色々と調べながら準備に取りかかったのですが、どうやら縄文杉に行くまでは、登山の恰好をしないと難しいようだったので、しっかりと、登山の服装を揃えて行きました。

そして、屋久島に到着し、結構な道のりを歩きながら縄文杉まで歩いて行ったのですが、その時に、不思議な出来事があったのです。

縄文杉での出会い

出血もあったので、やっとのことで縄文杉に辿り着いたのですが、そこには縄文杉に向かって、笙を吹いている女性がいました。

その姿があまりにも神々しく、思わず見入ってしまったのです。

曲を弾いているというより、音を鳴らしているような感じで、周りの木々と溶け合い、とても美しい音色でした。

彼女が演奏を終えると、私に気づき頭を下げてきたから、これはチャンスだと思って、話しかけてみました。すると、彼女も私に興味を持ってくれて、縄文杉から少し離れたウィルソン株というハート形の切り株の所で、お話をしようということになり移動したのです。

自己紹介

私は、登山靴を履き、登山しやすい恰好でいたのですが、彼女はジーパンにスニーカー、持ちモノは笙だけという身軽な恰好で軽々と歩いていました。それに対しても、なぜか神々しさを感じてしまっていました。

ウィルソン株に辿り着き、自己紹介をし合い、なぜ屋久島にきたのかをお話ししました。

彼女は、縄文杉に音を奉納しにきたといい、だからあんなに神秘的な音だったのかと納得させられたのです。

私は、出血が止まらず、このまま死ぬんじゃないかと思ったのだけれど、「以前から縄文杉に会ってみたかったからきた」と伝えたら、彼女が「私が、出血を止めてあげる」と言い出したのです。

ヒーリングを受ける

「どういうこと？」と聞くと、彼女は手で人の病などを治せるヒーラーだったのです。私は導かれるままに座り直し、その場で、彼女が私の身体のあちこちに手を当ててモゴモゴと、呪文のような言葉を唱え始めました。

しばらくすると体の中が熱くなってきて、エネルギーが送り込まれていることを、明らかに感じ取ることができました。目を閉じていたのですが、雲の中にいるような白い煙の中にいるのが見えてきて、終わる頃には、身体が軽くなっていました。

出血が止まる

彼女が、「アナタも、自分で治せるはずだよ」と言ってきたので、「実は、自分は奄美大島のユタなのだ」と伝えました。

そしたら、彼女は笑いながら、「アナタは自分の仕事をしていないから出血が止まらないのだよ」と、図星をつかれてしまいました。なので、彼女に「これからは私もユタの仕事をやるね」と、伝えながら、同時に神様に誓った感覚でいました。

彼女にお礼を伝えて、またいつかどこかで会おうと約束をし、宿泊施設に戻りました。そして、彼女との不思議な時間を思い出しながら、休息していると出血が止まったような気がしたので、トイレで確認しました。

すると、やっぱり不思議と半年間止まらなかった出血が止まっていたのです。

5. ユタとしての覚悟

出血が止まった奇跡

東京に戻ってから、病院に行き検査をすると、お医者さんもびっくりしていて、「出血をどうやって止めたのですか?」と聞かれました。その時は、自然と止まりましたと伝えたのですが、内心ではユタとして生きる覚悟を決めた後でもありました。

しかし、覚悟が決まっても、具体的な行動については、どうしたらよいのかわからず、戸惑いもありました。なので、今の自分ができることから1つひとつやっていこうと思ったのです。

ユタとしての絵画制作

その頃の仕事はというと、画家をやっていたので、屋久島から帰ってからは、ユタとしての絵画作品を描くようになり、神様や宇宙などとコンタクトを取りながら高次元のエネルギーを降ろす絵画を描き始めました。そのために、全国各地の様々な精神修行に参加させていただきながらの制作活動でした。

精神修行

どのようなことを行っていたかというと、密教の断食修行に参加させていただいたり、古神道の3か月の修行に参加させていただいたり、夢の中で神様が現れて、どこの神社に行きなさいとか、どこの場所に行きなさいと言われることが多々あり、その場所に出向き、瞑想などをしながら神様と対話する時間をつくっていました。

私を知る人達からは、絵画作品を「お守り」として購入したいという方々が増え始め、絵画を通して、ユタの活動の感覚が取れ始めていました。絵画をお渡しする際には、カウンセリングのようなことも行っていました。

画家の引退

そして、画家の活動も順調に進み、国外ではユネスコパリ本部にも作品が展示されるなど、国内外でたくさんの展示会に参加いたしました。

　個展も多数開催していたので、これは生涯やっていく自分の使命なのだろうと、完全に思っていました。

　それが、２０１８年の個展の最中に突然、宇宙から「画家の活動はこの展示会で終わり」と告げられてしまったのです。

　突然だったために、辞める準備もしておらず、お客様や、関係者、ご支援いただいていた方々にどう伝えたらよいか戸惑っていましたが、ユタは宇宙から伝えられたことが第1のため、悩んだすえ「インドに精神修行に行く」と嘘をついて、画家を引退したのです。

　応援してくださっていた方々には、心苦しかったのですが、宇宙から言われたといって引退すると、頭がおかしくなったのかと言われそうだったので、その方法を選びました。

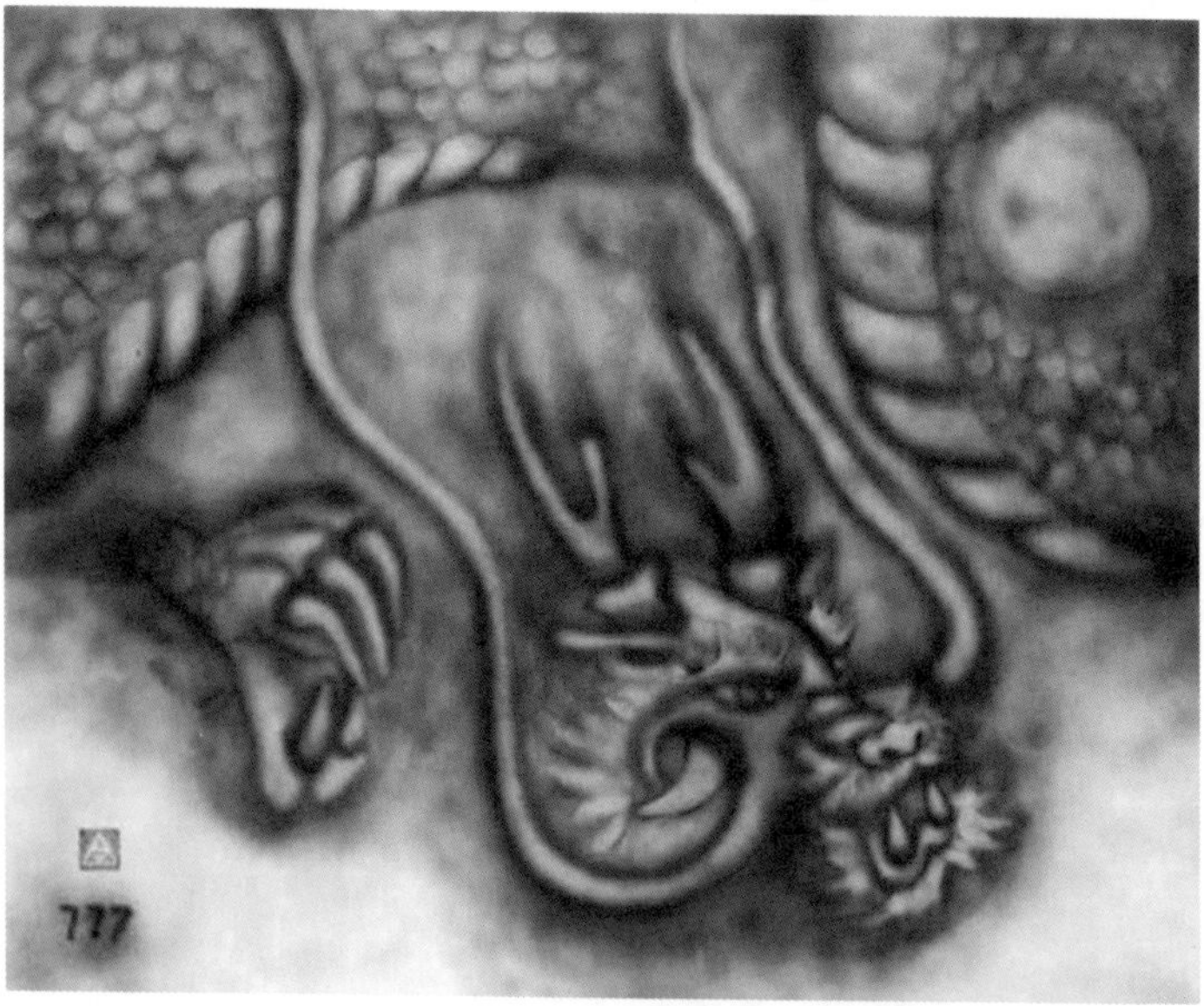

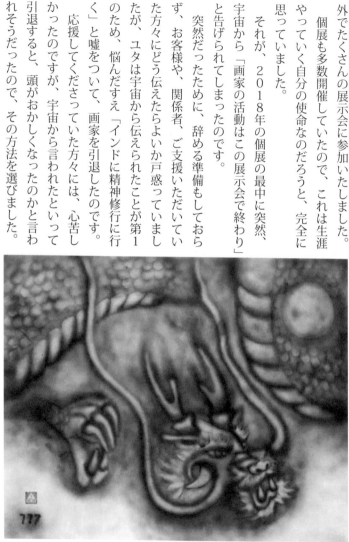

（左右２点とも画家時代の作品）

（左右２点とも画家時代の作品）

10がつのうた
いもほりの　うた
♪うんとこしょ　どっこいしょ
うんとこしょ　どっこいしょ
でてくる　おいもは
どろんこ　おいも
でっかいぞ
チャイルドブック　ジュニア　10月号
くみ
なまえ

（画家時代の作品）

不安の日々

12年間続けた画家を突然辞めるということは、とても大変なことで、その頃はアトリエが河口湖にあり、東京に引っ越しするための荷物の移動も大がかりでした。何よりも、画家を辞めてから何をするのかまだ宇宙から指令も降りていなかったので、毎日が不安でいっぱいでした。

オッドアイの猫

そして、引っ越しの荷物を移し終えて、実家のリビングでくつろいでいた時に、片方が黄色い目で片方が青い目である、オッドアイの猫の霊が歩いてきて、私の前を通り過ぎて消えたことがありました。オッドアイの猫は、最後の個展で描いた絵画のテーマで、特別に思い入れがある存在の1つでした。

映像が降りてくる

翌日から、そのオッドアイの猫が主役の映画のような不思議な映像が降りてきて、それをパソコンに向かって言葉に変換し始めました。

正直、小説を読んだことがなかったし、興味のない分野だったので最初は小説を書いている感覚はありませんでした。

ただ、「これは書き留める必要があるな」ということを強く感じ、降りてくる映像を受け止めることに必死で、その降りてくるスピードもあり、３日間徹夜で書き上げました。

小説作品の誕生

そして、書き終えると、これは小説なのかも知れないと出版社に持ち込んだところ出版が決まり、それが２０２２年に全国発売された「ボク達と猫」です。

内容としては、東日本大震災が舞台の小説なのですが、書こうと思って書いたわけではなく、宇宙から降りてきた映像を書き留めたので、もしかしたら、実在する人物を書いたのかなとも思っています。

それは、２０２４年の現時点ではまだ答えが出ていません。

読んでいただいた方々には、最初から最後まで涙が止まらない作品だという感想をたくさんいただいております。スピリチュアルのお話ではないのですが、これは、まぎれもなくスピリチュアル本だという感想もいただいておりますので、ご興味がある方はぜひ読んでくださいね。

ボク達と猫
三田じゅん
神様、ウミを守ってくれて
ありがとう。
ボク達を守ってくれて
ありがとう。
これからも、ボク達３人を
見守っていて下さい。
頑張って、生きていきます。
（2022 年出版した小説）

6．2回目のカミダーリ

画家を引退後の期間

話は戻るのですが、２０１９年に2回目のカミダーリを経験したことをここでお話ししたいと思います。

２０１８年の画家の引退を機に、その後の人生が決まるまでは実家に滞在させてもらおうと、荷物を移動させました。そんなに長居をするつもりもなかったので、大きな荷物などは近くの倉庫を借りていつでも移動できるようにしていたのです。

そして、ヨガをやりながら瞑想をしたり、エネルギーワークをしながら宇宙からの次の指令を待っていました。

廃人となる

そんな２０１９年の9月。ヨガを夢中でやり続けていたら、瞑想の最中から、これまでと全く違う次元に意識が繋がってしまい、自分が自分でいられなくなった経験をしました。

どんな次元かというと、まるで地獄の中に入ってしまったような感じで、見るモノすべてが悪魔に見えてしまい、その悪魔から逃げ回ることを本気でやってしまったのです。

それが、どこに逃げても悪魔から追いかけられてしまうので、家から1歩も出ることができず、ひたすら隠れていました。

そんな期間が3か月続きました。

不思議なのですが、この期間中にこれまで関わっていたすべての人間関係をまとめていたスマートフォンが、突然壊れてしまい再起不能になったのです。

誰とも連絡が取れなくなり、2019年9月は精神も崩壊し、人間関係もすべてなくなり、仕事もなくなるという、廃人化してしまった月でした。

その期間は、何を見ても悪魔に見えてしまうため、食べモノを食べると毒が入っていると思い、ほとんど水しか飲まない生活で、体重も一気に15キロも落ちてしまいました。

お風呂も入っている間に悪魔に監禁されてしまうと、お風呂にも入らず、濡れタオルで体を拭きながら過ごしていました。窓の外からも悪魔が見ていると思い、自分の部屋はカーテンを閉め切った状態で、過ごしていました。また寝ている間に悪魔に殺されてしまうと思って、3か月はなるべく寝ないでずっと起きているようにしていました。

そんな私を、母親は一生懸命にケアをしてくれたので本当に頭が下がります。

彼女がユタについてよく理解していたから、その時、冷静でいてくれたのだと思うのですが、普通なら彼女までおかしくなってしまう、そんな状況でした。母親はそんな廃人になった私を1番よく知っているので、今の私のいきいきとした新しい人生を本当に喜んでくれています。

7. 次元上昇

ユタの通る道

こうした低次元の層に引っかかってしまう経験は、ユタの人達ほとんどが通る道なのですが、ついに私にもきたかと、ショックを通り越して情けなさで胸がいっぱいでした。

見るモノすべてが悪魔に見えるのは、その3か月で治まり、意識が普通に戻った時、「次元を安定させること」と、「もっと高い高次元にアクセスをすることが必要だ」と思い、ひたすら芝生の上で寝転がりながら瞑想を始めました。

大地の上で、宇宙と地球の内部に繋がることに集中して、自分の中の高次元エネルギーを強化しました。それを、毎日2年間続けました。これが、2回目のカミダーリの経験です。

この、2回目のカミダーリの経験の直後から、一気に意識が次元上昇をして、これまでにアクセスができなかった次元まで辿り着くことができるようになり、自分のハイヤーセルフ（高次元の自分）ともしっかりと繋がるようになりました。もしも、廃人にならなかったら、こんなに一生懸命に次元上昇に集中しようと思わなかったので、まるで計算されて起きた現象のように今では感じます。八方塞がりにならないと、必死に天を見ようともしないので、必要なときに必要な試練を乗り越えることができたと思っています。

ハイヤーセルフとの繋がり

その頃、芝生の上での瞑想以外に、毎朝、早朝にエネルギーが高い場所でスロージョギングを行っていました。

そのジョギングの最中に、ハイヤーセルフからメッセージが降りることが頻繁になり、まるで宇宙会議時間のように細かく「何をするべきか?」が降りてきていたのです。

スピリチュアルイベント

そんななか、2022年2月、ハイヤーセルフから「スピリチュアルイベントに出なさい」という指令が入り、「えっ? そこで何をするの?」と聞くと、「奄美大島のユタとして、スピリチュアルカウンセリングをやりなさい」と言われたのです。

私としては、全く考えていなかったことだったのですが、やっぱり宇宙の言うことが1番なので、すぐにスピリチュアルイベントに出演の申し込みをさせていただき、準備に取りかかりました。

ハイヤーセルフに、「どうやったらいいの?」と聞くと、「すべて、話の内容を伝えるから、委ねなさい」と言われたのです。

正直、半信半疑でした。

だけど、言われたからにはやってみようと、「奄美大島のユタ」として、スピリチュアルイベントに出させていただいたのです。

スピリチュアルカウンセラー

イベント当日は、私の前に人が並ぶ状態となり、次から次へと人が押し寄せてきていました。私は、ハイヤーセルフにすべてを委ねて、こられた方々にお話をする内容を宇宙から降ろしていたのですが、「やっぱりハイヤーセルフは凄い！」完璧に、お話しする内容を伝えてきてくれていたのです。

この初めてのイベント出演で自信がつき、「これならできる！」と確信を持つことができて、本格的にスピリチュアルカウンセラーとして活動をするようになりました。

列のできるカウンセラー

イベントは毎月行われているので、毎月出演するようになり、常連のお客様も増えていて、毎回、人が並ぶ状態で、たくさんの方々のカウンセリングをやらせていただいております。

今では、この宇宙とのアクセスのやり方を、講座で教えたりもしています。廃人化してからの、さらなる高次元のプロセスがあったからこそ、どんな状態の方でも導けるようになったのです。

本書の中でも、これから次元上昇の仕方など、お伝えいたしますね。

ここまでが、ユタとしての私の自己紹介となります。

私の使命は、これまでの奄美大島の歴史を背負うユタではなく、新しいスピリチュアルの世界を開拓していくユタなので、ユタとして活動している他の方々とは大分、違うとは思います。本書では、ぜひ、進化していくスピリチュアルの世界を味わっていただければ嬉しいです。

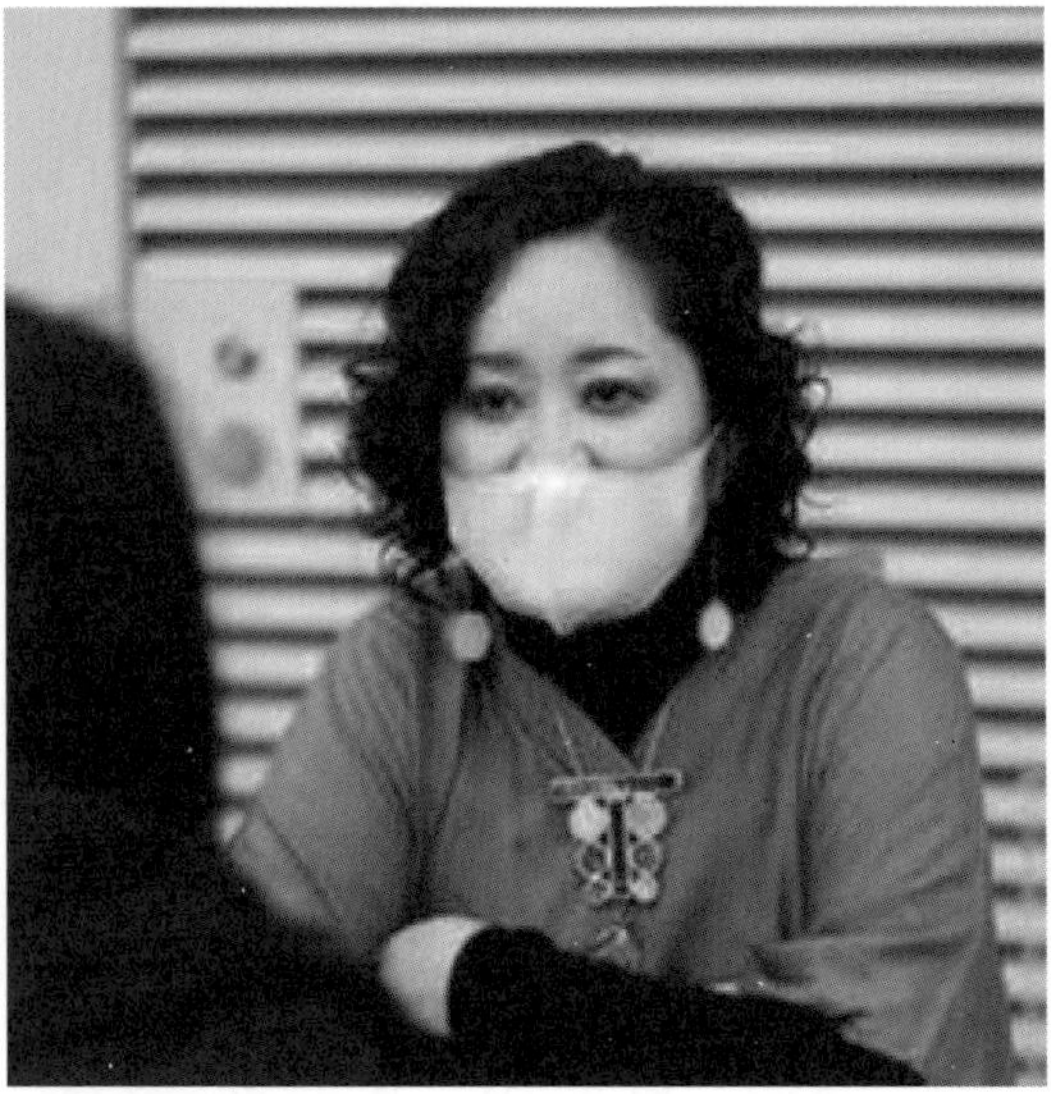

（イベント出演でのカウンセリング）

第2章　宇宙意識

1．ハイヤーセルフとは

最も大切なハイヤーセルフ

ここからは、私が宇宙から教えてもらったことを細かく説明していけたらと思います。

まず、前の章にもちょくちょく出てきた言葉、「ハイヤーセルフ」についてです。

ハイヤーセルフって聞いたことはありますか？　スピリチュアルな世界に興味がある方は、知っている人がほとんどだと思いますが、ここで最も大切なハイヤーセルフについてお話をしていきたいと思います。

魂の分離

私達、地球人、他の星の星人、植物、動物…生きている物すべては宇宙の源である創造主から分離して生み出されているわけなのですが、我々の魂は創造主から分離をして、さらにそこから分離をして、地球上に存在するのです。

どうして、創造主から分離をして、またさらに分離をしないと地球人でいられなかったかというと、地球はまだ若い星で、次元が低い星だったからです。

その地球の次元に合わせて魂の波動を落とさないと、地球人にはなれなかったので、分離をして波動を落としながら存在しました。

私達の魂は、地球人として分離する前は、波動が高く神といわれる次元の存在でした。その神といわれる分離する前の存在がハイヤーセルフなのです。

簡単にいうと、「高次元の自分」の存在です。

超意識部分

その高次元の自分の存在を記憶している部分の意識は、「超意識」といわれる無意識部分になります。

人には、自覚がある「顕在意識」、自覚のない無意識層である、「潜在意識」、「超意識」と大まかに3つの意識があるのですが、顕在意識は脳の5％くらいしか使っておらず、残りの95％は潜在意識と超意識の部分を使っています。

宇宙秘書

この95％の中の超意識部分が、分離をしたハイヤーセルフと繋がることができる意識部分なのです。この超意識部分の意識が覚醒すると、宇宙意識に繋がることができて、生きながらにして神様の次元に繋がることができます。

このハイヤーセルフは、元々の自分の魂であるから、他の神様や星人ではなく、自分専属の宇宙秘書的なイメージです。

絶対的存在

ハイヤーセルフは、「自分の過去」、「現在」、「未来」、すべてを知っている絶対的な存在で、それと一体となって生きられるようになると、これまで5%でしか物事を決断できなかったのが、100%のチカラで決断できるようになり、最強の自分になれるということなのです。なんとなく、伝わりましたか？

2. ハイヤーセルフと繋がるには

リラックスはオン

では、どうやったらハイヤーセルフに繋がることができるのでしょうか？

もしかすると、リラックスすることって、オフだという認識があるかもしれません。これね、実は逆でオンなのです。どういうことかというと、リラックス状態にならないと顕在意識がオフにならないのです。つまり、顕在意識をオフにすると、無意識層がオンの状態になるのですね。

たまに、リラックスすることを、サボっているとか、だらけているイメージを持っている人に出会うのですが、そういう方も、これを機に意識を変えていただきたいのです。

エネルギーワークが大切

まず、無意識層の入口に着くには、リラックスすることが最も大事なことなのです。入口に着いたら後は、瞑想やエネルギーワークが必要となってきます。エネルギーワークのやり方については、様々な情報が飛び交っているので、自分に合うやり方を見つけてみてください。私が開催している講座でもお伝えしていますし、本書の中でもいくつかご紹介していきたいと思います。

ハイヤーセルフと繋がるようになると

ハイヤーセルフと繋がると、今までの意識とはまるで違うことに気づくと思います。細かなことから大きな動きまで、ハイヤーセルフからの指示が降りてくるようになるのです。

小さな例

具体的な例をあげると、小さな出来事では、買い物に行ってお肉を買い、それを家に持って帰って冷蔵庫に入れると、ハイヤーセルフから「冷凍庫に入れなさい」という指示が入ったことがあります。「なんですぐに使うのに冷凍庫に入れないといけないのだろう？」と思いながら、指示どおりに冷凍庫に入れると、その日の夜と翌日は外食の予定が入り、２、３日はお肉を使わないことになりました。ハイヤーセルフに言われたとおり、お肉を冷凍庫に入れていたから、腐らずに済んだのです。

大きな例

大きな出来事といえば、ある朝、ハイヤーセルフから「同性の友人や仲間を募集するサイトの中にある、掲示板にパートナー募集の記事を書きなさい」、と指令が入りました。

私は、その当時は1人で生きることが心地よく、満足した日々を過ごしていたので、パートナーを必要としておらず、「何でそんなことをしないといけないのだろう」と思いましたが、ハイヤーセルフからの指令だったために、やってみようという意識になり書き込んだのです。

すると、数時間後に10件くらいのメッセージをいただき、その中でも気が合いそうだなと思う1人の方に3日後に会いに行きました。

これが、後に大事な家族となるパートナーとの縁でした。

パートナーとの縁

彼女は、いつも男性達に囲まれながらゴルフをしているため、女性のゴルフ仲間が欲しくなり、その仲間募集サイトをたまたま見たのです。

そして、たまたま見た私の投稿が気になり連絡をしたそうなのです。きっと、変わった人だと思い、興味を持ったのでしょうね。

彼女とは、すぐに仲よくなり、出会って1週間後にはパートナーになるというスピード恋愛に発展しました。

彼女は、一緒にいるのが当たり前という気持ちにさせてくれた、ツインフレームだったのです。

私達は、出会って半年後には東京都が発行しているパートナーシップ制度も結び、本当の家族となりました。日本が同性婚のできる国になれば、すぐに結婚したいと話をしています。

この出会いは、人生を大きく変える出来事でした。ツインフレームに関しては、また後ほど、詳しく説明をさせてください。

自分の応援団長

こんなことが毎日の生活の中で起きてきます。ハイヤーセルフは自分の秘書でもあり、自分の人生の応援団長みたいな存在なのです。

ハイヤーセルフと繋がるためのエネルギーワークはたくさんあるのですが、ここで1つ、簡単ですぐにできるものをご紹介させてください。

（昭和記念公園を見ながらのお茶）

3．ハイヤーセルフと繋がるためのエネルギーワーク

ワーク

①安楽座、もしくはイスに座って目を閉じて深呼吸を繰り返してください。

②自分の頭上真っすぐ上に、黄金色に輝く宇宙空間があるのをイメージしてください。

③その黄金色の宇宙空間から、自分の頭上に向かって、光の粒子が滝のように流れてくるのをイメージしてください。

④身体の中が、その光の粒子で満タンになるのをイメージしてください。

⑤満タンになったら、ぼんやりと黄金に輝く宇宙空間を眺めてください。

⑥そこで、映像や言葉などが出てくるのを受け取ってください。

それが、ハイヤーセルフからのメッセージです。

最初は、映像や言葉が出てこないかも知れませんが、繰り返し行っていくと見えてくるようになると思います。ぜひ、試してくださいね。

4．自分軸の意味

自分軸と自己中の違い

自分軸って聞いたことはありますか？　これはね、中途半端な説明になると、誤解されやすい部分なので、しっかりとお話をしたいと思います。

先ほどお伝えした、ハイヤーセルフから繋がってくるお話なのですが、ハイヤーセルフに繋がりながら生きるようになると、高次元の自分として存在することになるのです。

高次元って、「調和や愛、平和、穏やかなエネルギーに満ちている次元」なので、自分の感覚も自然とそうした感覚になります。

大切なのは、その感覚なのです。

自分軸で生きることを、「自己中に生きる」「自分本位に生きる」ことと勘違いしてしまうのですが、それでは人間世界のただのワガママな人となってしまいます。

ハイヤーセルフと一体になる

自分軸というのは、「地球上にいる自分と、高次元の自分であるハイヤーセルフが一体となって生きること」をいいます。

誰かの意見に流されることもなく、何かに影響を受けるわけでもなく、常に高次元の自分の感覚で物事を判断していくのです。

その次元が高いから、必然的に周りの人にも自然と愛を流している結果となり、決してワガママな人にはならないのです。

ハイヤーセルフの声

よく聞かれる質問の1つに、「どのようにしてハイヤーセルフの声と感じるのか」を教えて欲しいということがありますが、これはエネルギーワークにより意識的に繋がれるようにもなるし、無意識の状態の時に、直感を通して言葉が聞こえたり、映像が見えたり、なんとなく感じたり…捉え方は、人それぞれです。

ヨガの時間

私の場合は、朝、ヨガをやっているのですが、その時間で意識的にエネルギーワークをやりながら、ハイヤーセルフと繋がるようにしています。

他には、日常の中で、意識をしていない時に直感を通して、色々な映像を見せてくれることが多々あります。

感覚としては、「エゴの自分にはない発想の意見が降りてくる」といった感じです。想定外なことが急に降りてきたともいえるでしょう。そんな感覚が、ハイヤーセルフと繋がっている状態です。

コーヒーの焙煎

私は、コーヒーが大好きなので、コーヒーにまつわる本を読んだり、セミナーに通ったりしていました。詳しくなってくると、色々と資格を取りたくなり、コーヒーインストラクターやコーヒーソムリエの資格も取得しました。

最初は特に、プロとして活動をするつもりはなかったのですが、ハイヤーセルフから、「コーヒー豆の焙煎をしなさい」と言われて、想定外だったのですがやってみようと、コーヒー豆を販売することを始めました。

すると、コーヒーが好きな人達が私の周りに集まるようになり、楽しい交流ができることに繋がりました。

本当にハイヤーセルフの言うとおりにすると豊かになってくるのです。ここで、豊かさのエネルギーワークをご紹介させてください。

5．豊かさのエネルギーワーク

ワーク

①安楽座、もしくはイスに座って目を閉じて深呼吸を繰り返してください。
②自分の目の前に花畑が広がっていて、その花畑をゆっくり歩くのをイメージしてください。
③花の香り、色、そこに降り注ぐ太陽の光を感じながらゆっくりと歩き続けてください。

④しばらく歩くと、滝が見えてきます。その滝は７色に光る水が流れ落ちています。静かに滝の中に入り、その７色の水を身体に浴びるのをイメージしてください。
⑤充分に浴びたと感じたら、両手でその７色の水を受け取り、口に運んで飲み干してください。
⑥そこで、深呼吸をしてください。
⑦歩いてきた道を戻り、座っている自分の意識へと戻ってください。

6．断捨離が必要な理由

神人になる

「波動を高くするとか、次元を上げるとかいわれるけれど、結局、何をすればいいの？」と思いませんか。

神社や聖地を歩きめぐることで満足しておられる人達にも、それより大事なことをここではお伝えしたいと思います。

「ハイヤーセルフは神様の領域の次元で生きること」とお伝えしましたよね。そうなのです。自分が、「自分自神」「神人」になるので、家である住まいは、神社になるのです。

神社って、すべてではありませんが大体は手入れが行き届いていて、神様が心地よいであろうという空間をつくっていますよね。

家をパワースポット

ハイヤーセルフと共に生きるというのは、自分自身を神様として扱うことにも繋がるので、家は必然的に神社になってきます。なので、常に風通しのよい清潔で整理整頓された空間でなければいけないのです。

簡単にいうと、「家自体をパワースポット化しましょう」ということです。

モノには記憶がある

モノって記憶を蓄えることができるので、そのモノの周波数に影響を受けないために「理想の自分」にふさわしくないモノは処分しましょう。

たとえば、過去のモノに溢れた生活空間にいると、一生懸命に変化しようと努力をしても過去のモノの周波数に影響を受けて、自分自身を変えられない現実になってしまいます。

よく、元彼のモノを捨てずにいるのに、「新しい彼ができない！」といっている方達がたくさんおられますが、それは元彼のモノの周波数に影響をされ続けていて、他の人の周波数と合わさらないのです。なので、早目に処分をしてクリアなエネルギーで新しい恋人を探しましょうね。

8割捨てる

「人生を大きく変化させたい」と思ったときに家のモノを8割捨てなさい、ともいわれています。

それほどに、モノの影響って強いのです。

私の場合、12年間画家をやっていたのですが、画家ってとにかく荷物が多いのです。

画材はもちろんのこと、売れ残った絵画などがたくさんあるし、研究材料もたくさんあるし、2階建ての1軒家をアトリエにしていたのですが、パンパンにモノが溢れかえっていました。

画家を引退して新たな人生を歩き始めた時に、そのたくさん入っていた荷物を、一気に捨てて、3畳くらいのクローゼットにすべてが入るくらいの荷物にしました。

そしたらね、エネルギーがガラリと変わって、確かに、大きく人生が変わったのです。もちろん、よい方向にです。

今は、そんなに溜めることなく、季節ごとに断捨離をしていますよ。

ここで、空間の浄化に繋がるエネルギーワークを1つご紹介させてください。おすすめは、断捨離をした後に、このエネルギーワークをやっていただくと、空間に残ったいらないエネルギーを排除することに繋がります。

7. 空間の浄化のエネルギーワーク

ワーク

①安楽座、もしくはイスに座って目を閉じて深呼吸を繰り返してください。

②目を閉じたまま、浄化したい空間を観察してください。
③心地の悪いエネルギーを感じる箇所を見つけましょう。
④その心地の悪いエネルギーを大きな手で掴み、宇宙の源へと投げるイメージをしてください。
⑤心地がよくなるまで繰り返し行ってください。

このエネルギーワークは、自分の家だけでなく、電車の中、お店の中、ホテルなど、あらゆる空間でできるので、積極的に行ってください。

8．曼荼羅の意味

密教の曼荼羅

曼荼羅って、見たことはありますか？　曼荼羅って一言でいっても、たくさんの種類の曼荼羅があるのですが、ここでは、私が密教の断食修行に参加させていただいた時に、毎日、曼荼羅を見続けながら宇宙と対話し、その時に降りてきたメッセージをお伝えしたいと思います。

断食修行の経験

今は開催されていないようなのですが、15年くらい前には、千葉にある成田山で断食修行を体験できたのです。

私は、12月の寒い時期に行ったのですが、木造の小さな宿泊施設にせんべえ布団があり、他には何もない環境で断食をしました。風が吹き込む建物なので、凄く寒かったです。

やることは、早朝に起きて境内の清掃、護摩（儀式）の時に使用する道具の清掃が主で、護摩への参加の他は、断食中なので体力を使わないようにしないといけませんでした。

私は、自由時間の時に境内にある図書館に行き、ひたすら、大量の曼荼羅を見て宇宙と対話する時間にしていました。

パズルの意味

密教の曼荼羅は、まるでパズルのように陳列された枠の中に様々な神様が鎮座していて、それぞれの場所でそれぞれの役割をしているのですが、宇宙から、「それを人間世界にも置き換えられるのだよ」と言われました。

どういうことかというと、人は皆この世に生まれてきた「役割」があって、それを「使命」ともいいますが、社会という大きなパズルの中で、「自分の枠」があって、その枠の中で生きるようになると、摩擦が起きなくなり宇宙がサポートしながら「使命」を生きることに繋がるということです。

摩擦が起きる原因

現代社会は、その「役割」・「使命」＝「自分の枠」ではない、他の枠に大半の人がハマっていて、自分の「使命」の枠ではないから、摩擦が起きてうまくいかない現実が続いている人達が多いのです。よく、自分探しの旅に出かけるというのが流行った時期があると思うのですが、それは社会というパズルの中の「自分の枠」探しなのですよね。それで、「使命」に辿り着けた方々は、きっと才能を思う存分発揮していると思います。

使命への道

じゃあ、どうやったら「使命」に辿り着けるのでしょうか？　その答えは、ここでも大事で何度もお伝えしている「ハイヤーセルフと生きる」ことなのです。

ハイヤーセルフと生きると、ハイヤーセルフから伝えられるメッセージが、使命を生きることに導いてくれることになります。

ハイヤーセルフに人生を案内してもらいながら生きられるようになると、必然的に「使命」を生きることになり、社会の中の「曼荼羅」の在るべき枠に収まることになります。

音楽活動とスピリチュアルカウンセラー

私の場合、10代から20代前半は、音楽活動をしていました。テレビにも出演したり、色々なメディアにも取り上げられましたが、自分の使命ではないことをやっていたので、摩擦がかなり起きて、いつも苦しんでいました。

今のスピリチュアルカウンセラーの仕事は、やりたいことを探してやり始めたわけではなく、ハイヤーセルフから言われてやり始めたので、使命を生きることに繋がり、自分の能力をフル活動させながら自然とできる仕事で、摩擦も起きず楽しんでいます。

この感覚を多くの人に味わって欲しいと思っています。

ここで、使命に辿り着くためのエネルギーワークを１つ紹介させてください。

エネルギーワークをするときは、なるべくリラックスした状態で行ってくださいね。このエネルギーワークは私も、毎日、朝のヨガの時間に行うようにしていますよ。

9. 使命のエネルギーワーク

ワーク

①安楽座、もしくはイスに座って目を閉じて深呼吸を繰り返してください。

②自分の身体が、宇宙空間に在るのをイメージしてください。

③たくさんの星に囲まれているのを確認できたら、深呼吸をしてください。

④上を見ると、黄金色に輝く宇宙空間があります。そこに、自分の身体がスッと上がっていくのを感じてください。

⑤黄金色の宇宙空間に入ると、目の前に扉があります。

その扉をゆっくり開けてみてください。

⑥そして、心の中で「私の使命の空間に入る」

と意識しながら扉の中に入って行ってください。
その空間の中にクリスタルでできた、自分の形があります。
⑦そのクリスタルでできた、自分の形の中に、自分の身体をスポっと入れてみてください。
⑧足先から頭上まで、クリスタルの中に入ったのを確認できたら、ゆっくりと目を開けてください。

周りを見渡しながら、あんな人生がいいなと指をくわえて羨ましがるのではなく、自分の使命を生きることの豊かさをたくさんの方に感じてもらいたいです。

10. 幸せについて

幸せのカタチ

幸せって誰もが願っていることなのですが、幸せのカタチについて語れる方はあまりいないですよね。

ここでは、家族に愛されているから幸せとか、シャネルのカバンをもらったから幸せとか、人から与えてもらうことで感じる、他人軸の幸せのカタチではなく、「自分の魂が本来の姿となり輝く幸せのカタチ」について、お伝えいたします。きっと、幸せを感じる感覚もこれまでとは違って、大きく変化してくると思います。

幸せになるには

実は、これもね、何度もお伝えしているハイヤーセルフと共に生きることなのです。ハイヤーセルフと生きるようになると、曼荼羅の「使命」の枠で生きられるようになります。そうすると、現実で起きてくる現象に摩擦が起こりにくくなり、心地よいことばかりが訪れるようになります。

これは、使命を生きるようになると、宇宙の応援がついてくることになるから、奇跡といわれることが次々と起きるようになるのです。

この「使命」に生きることこそ、幸せのカタチなのではないかなと思うのです。

過去の経験

私は、画家をやっていた頃の目標が「世界進出」でした。それを達成した時には必ず幸せの充実感が溢れていると思っていました。なので、身も心も傷つけながら懸命にその目標に向かって突進していた過去があります。

実際に、フランスやカナダ、ブルネイなどの海外進出を体験でき、もちろん、嬉しさはありました。ただ、幸せのカタチかと聞かれると、何かが違うと自分の価値観に疑問を感じていました。その頃は、絵画の大会などに出ていたこともあり、常に他人の評価を気にして生きていました。そして、自分を人とも比べていたので、いつまで経っても、満足感を感じることはありませんでした。

現在の経験

２０２２年にハイヤーセルフから、スピリチュアルカウンセリングをやるように命じられ、行動を一致させていくうちに、これが自分の使命なのだということを実感しました。自分のスピリチュアル能力をたくさんの方々の人生のためにお役に立てることができる日々、感動と感謝の連続で充実感と幸福感に溢れています。

自分が実感しているからこそ、声を大にして言いたいのが、「使命」を生きられるようになりましょうということなのです。一緒に本当の幸せのカタチを見つけませんか？

ここで、自分自身を愛のエネルギーで包み込むエネルギーワークをご紹介させてください。

このエネルギーワークは、朝起きてすぐに行うのがおすすめですよ。目が覚めたら、すぐにやることを習慣にして、常に愛のエネルギーに包まれていてくださいね。なぜなら、朝はエネルギーがリセットされているので、浸透しやすいのです。愛のエネルギーに包まれながら、１日をスタートさせると、波動の高い出来事が引き寄せやすくなるのです。

11．愛のエネルギーワーク

ワーク

①安楽座、もしくはイスに座って目を閉じて深呼吸を繰り返してください。

②自分のハートチャクラ（胸の中心部分）が、マゼンタ色に輝くのを、イメージしてくださ い。

③深呼吸と共に、そのマゼンタ色のエネルギーが大きくなっていき、身体全体に浸透するのをイメージしてください。

④そのマゼンタ色のエネルギーがさらに大きくなり、自分の身体から5メートルくらい離れた所まで広がり、大きな球体となって自分自身を包み込むイメージをしてください。

⑤しばらく、そのマゼンタ色の球体の中で深呼

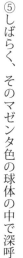

吸をしたら、ゆっくりと目を開けてください。

エネルギーが足りなくなったなと感じたとき、このエネルギーワークで自分自身を愛のエネルギーで包み込んでくださいね。

12．ネガティブを嫌わないこと

地球とネガティブなエネルギー

自分の心の中のネガティブな周波数をどう思いますか？　おそらく、大体の方が嫌いなのでは、と思います。怒りであったり、妬み、恨み、嫉妬、悲しみ、苦しみ…そんなエネルギーに苦しんでいる方は多いですよね。

ここも大事なところなので、丁寧にご説明したいのですが、この章の始めでお伝えした「地球は次元の低い星」に繋がるお話です。地球はまだ若い星で、次元が低いのです。だから、地球人になるには、波動を落とさないと降り立てなくて、魂が分離したと説明しましたが、地球は独自の周波数があって、ネガティブを経験できる星でもあるのです。ネガティブを経験できる星って、宇宙の中では比較的珍しいことなのです。意外じゃないですか？　もちろん地球だけってことはありませんが、そんなに多くはありません。

遊園地のお化け屋敷

ネガティブを経験できる星っていうと、なんだかワクワクするようなイメージにもなりますが、そうなのです、私達の魂はわざわざ、波動を落としてまで地球人として降り立ち、ネガティブを経験してみたくて、地球人になりました。

イメージでいうと、遊園地でわざわざ怖い思いをするジェットコースターや、お化け屋敷に入りたくなるような心境です。

だから、我々地球人は、ネガティブを実は楽しんでいるのですね。ネガティブから起きてくる、色々な人間ドラマを楽しんでいるともいえます。

地球の次元上昇

ただ、地球も生き物なので成長しています。2018年あたりから次元上昇が加速していて、段々とネガティブな周波数ではなくなってきたのです。

そこで、我々地球人の中でも比較的感度の高い方は、ネガティブな周波数に飽きていて、そのネガティブな周波数を手放し始めている方が多くなってきました。

ネガティブの手放し方

どのようにして、手放すかというとネガティブなことの裏面には、必ずポジティブなことが隠されているから、ネガティブを感じた瞬間にそのネガティブな周波数に入り浸るのではなく、ポジティブに変換するのです。

まるで、オセロの黒を白にパタンとひっくり返すようなゲームを想像してみてください。

そう、人生はゲームと同じなのです。

ネガティブが現れたら、「チャンス！」と思って、その裏に隠れたポジティブに変換してみてください。そうすると、同じようなネガティブがもう起きなくなってくるはずですよ。

ネガティブを手放せないと

逆に、そのパタンとネガティブをポジティブに、ひっくり返す作業をしないでいると、同じようなネガティブな現実が起きてきます。

よく、「俺はいつもこうだ」とか「私なんて、いつもついてないのよ」などと言って、ネガティブを受け入れて諦めている人がいますよね。

そうした人達は、このパタンとひっくり返す作業をしていないだけなのです。

インスタグラム

今はＳＮＳが盛んな時代。私も、インスタグラムを楽しんでいるのですが、「凄いなー」と思う方が世の中にはたくさんいて、いつも感心しています。中でも、特に印象的だった方がいるので、ご紹介させてください。

大学生の男の子の奇跡

ある大学生の男の子が、バイクの事故で片足切断になってしまったのです。普通だったら、ここで人生終わりと感じる方々も多いと思うのですが、彼は、義足姿の自分の容姿を磨き上げてプロのモデルに変身しました。

義足を見ると普通は痛々しい印象ですが、彼の義足姿は、とにかくかっこいいのです。その姿に共鳴したブランドの方々がどんどん彼に仕事を依頼し、今では有名なモデルになりました。

一見ネガティブと思える事故を、かっこよく変換した姿にいつも感動させられています。皆様もどんなネガティブが訪れても、彼のようにかっこよくポジティブに変換する強さを持って生きましょうね。

ここで、ネガティブな感情が出てきたときに、それを手放すエネルギーワークをご紹介させてください。

このエネルギーワークは、玉ねぎの皮を剥いでいくイメージをして欲しいのですが、薄皮が少しずつ剥がれていき、どんどん軽くなるイメージです。1度にすべてのネガティブなエネルギーを取り除くことはできませんが、少しずつ手放していきましょう。繰り返していくことが大事なポイントです。

13．ネガティブを手放すエネルギーワーク

ワーク

①安楽座、もしくはイスに座って目を閉じて深呼吸を繰り返してください。

②ハートチャクラ（胸の中心部分）に両手をあててください。

③その両手が磁石になったのをイメージしてください。

④ハートチャクラに溜まっている黒いエネルギーが、その両手の磁石にくっついていくのをイメージしてください。

⑤両手をゆっくりと、ハートチャクラから離していき、手についた黒いエネルギーの塊を、宇宙の源に投げるイメージをしてください。

⑥次に、ハートチャクラからマゼンタ色のエネルギーが湧いてくるのをイメージしてください。
⑦できましたらゆっくりと目を開けてください。

少しでも、イラっとしたり、怒ったり、悲しかったり、そんなネガティブな感情が出てきたら、このエネルギーワークを行ってくださいね。

14. 宇宙意識の夢

新しい夢のカタチ

夢ってありますか？　夢を見て、それを目標に頑張る。これって、一見美しい生き方に見えるじゃないですか。

だけどね、宇宙意識で生きるようになると、夢を見て、それを目標に頑張るという感覚がなくなるのです。

「どういうことかというと、何度もお伝えしているとおり、「宇宙意識で生きるとハイヤーセルフと共に生きる」ことになります。

それは、意識の中の無意識層の95％のうち超意識部分を使うことになるのですが、頭で考える夢や目標というのは、顕在意識の5％部分で考えて生み出されることのほうが多いのです

顕在意識の小ささ

５％の顕在意識で考えて生み出す目標は、可能性を最大に生かしているわけではなく、人間次元の中の情報や経験の中から生み出ているから、規模が小さくなりがちなのです。

もちろん、規模が大きければよい目標かというと、そういうわけでもないのですが、可能性を最大に発揮したい方にはもったいないことに繋がります。

想定外のメッセージ

ハイヤーセルフと生きるようになると、顕在意識では考えもつかなかった「想定外」のメッセージが降りてくることになります。それに対して行動を一致させて行くと、「想定外」の現実が起きてくるようになります。

５％の顕在意識は、この「想定外」をまるで冒険させてもらうように過ごすこととなるので、ある意味受け身の人生にはなるのですが、夢を取り払うことによって５％の顕在意識でつくった「屋根」がなくなり、「想定外」の宇宙規模な人生を歩くことに繋がるのです。

作家デビュー

私は作家になろうと思ったことがなかったのですが、見たことがない映像が宇宙次元から降りてきて、それを文章に書き留めていたら「ボク達と猫」という小説作品となり、出版社に持ち込んだら出版に繋がり、作家としてデビューしました。

これも「想定外」の出来事で楽しみながら行動していました。

たった今、書いているこの作品も、半年前にいつものように朝、ヨガをやっている時に、ハイヤーセルフから「スピリチュアルに関する本を書きなさい」と、言われたのです。

この数年間は小説作品しか書いたことがなかったので、これも、「想定外」の出来事で楽しみながら書かせていただいています。これから、この作品がどのように成長するのかも楽しみなのです。

ここで、宇宙意識に繋がるためのエネルギーワークを1つご紹介させてください。

15．宇宙意識のエネルギーワーク

ワーク

①安楽座、もしくはイスに座って目を閉じて深呼吸を繰り返してください。
②自分の身体の前面の頭上から、足先まで、チャックがあるのをイメージしてください。
③そのチャックを上から下へと降ろしていきます。
そうすると、中から、10メートルくらい大きな自分が現れるのをイメージしてください。
④その大きくなった自分を感じ取ることができたら、また、大きくなった身体の前面の頭上から、足先まで、チャックがあるのをイメージしてください。

⑤そのチャックを上から下へと降ろしていきます。
先ほどよりも、大きな自分の姿が中から現れるのをイメージしてください。
⑥その大きくなった自分を感じ取ることができたら、また同じことを繰り返して行きます。
どんどんと大きくしていき、自分の身体が宇宙空間まで辿り着いたら、深呼吸をしてゆっくりと目を開いてください。

このエネルギーワークは、次元上昇の意味もあるので、ぜひ、毎日でも行ってくださいね。
私は、仕事前の習慣にしていますよ。

16. 現実は映画

様々な問題は脳から

今、生きていて辛いことや苦しいことはありますか？　そのことで、誰かを責めたり、相手を変えようとしていませんか？　もしも、それにあてはまるかもしれないと思ったら、今日から意識を変えていただけたらと思います。

実はね、現実で起きている出来事は、まるで自分の脳の中にある映写機によって映し出されている映画のようなものなのです。今、様々な出来事が現実で起きているじゃないですか。これはね、すべて、自分の脳から生み出ているのですよ。仕事が嫌だ、対人関係が苦しい、パートナーとうまく行かない…そんな様々な問題も、ピンとこないかも知れないけれど、すべて自分の脳から生み出されている、映画のシーンのようなものなのです。

現実の変え方

だから、「現実を変えたい！」と思ったら、相手の人を変えようと思うのではなく、自分の意識、脳という映写機の中身を変えない限り、現実は変わらないのです。

この真実を知ると、人を責めたり、誰かのせいにしたりできなくなりますよね。だって、現実はすべて、自分から生み出ている映画なのだから。では、どうやって変えたらいいのでしょう？それには、エネルギーワークが、パワフルに現実を変えるので、おすすめですよ。

ここで、エネルギーワークをご紹介させてください。私が、開催している講座で必ず最初にお伝えしているエネルギーワークなのですが、自分のエネルギーを浄化する効果のある「ボール呼吸」というのを説明します。

17．ボール呼吸エネルギーワーク

ワーク

①イスに座るか安楽座になっていただき、目を閉じて深呼吸を繰り返します。
②心が落ち着いてきたら、自分のみぞおちに小さなボールがあるのをイメージしてください。
③そのボールが息を吸ったときに大きく膨らみ、吐いたときに少し小さくなることをイメージしてください。
④同時に、吸う空気が黄金色に輝いていて、吐き出す息が黒く汚れているのをイメージしてください。
⑤呼吸と共にボールが大きくなり、自分の身体の外、空を通り越し、宇宙空間まで広がるイメージをしてください。

⑥宇宙空間まで辿り着いたら、ゆっくりと目を開けて深呼吸してください。

このエネルギーワークは、様々な次元の浄化に繋がるので、毎日やるのをおすすめします。

特に、ご自身のオーラ部分の浄化にも繋がるので、オーラをクリアにしておくと、現実に引き寄せる出来事が変わってきます。

もしも、自分でできるようになったら応用として、ご家族、ご友人のエネルギーもクリアにしてみましょう。

やり方は、自分に対してやったときと同じなのですが、自分ではなく、他の人に置き換えることでできるようになります。

コツとしては、浄化したい人を包み込むようにして行ってみてくださいね。

第3章　日常の中のスピリチュアル

1. 人生はゲーム

リアルゲーム

前の章でお伝えしましたが、人生ってね、リアルゲームなのです。どんなゲームかというと、ネガティブが出てきたらポジティブに変換して、そこから1つ宝物をいただき1段レベルアップしていくのです。

もしも、そこで変換ができなかったら、別の角度から同じお題が出てきます。またかーと思うような、課題が出てくるのです。

そこで、「いつも、私はこうだから…」と、ネガティブな世界に焦点を当てて、ポジティブに変換しないでいたら、いつまで経ってもレベルが1段上がらなく、同じ課題が繰り返しやってくることになります。

ネガティブはチャンス

その課題から抜け出したかったら、頭の中のネガティブな考えをポジティブに変換し、それによって得る宝物を見つけて、自分の輝きに変えることです。そうすれば、その課題はもうこなくなるでしょう。この繰り返しが、人生のゲームなのです。

どんどん、やってくるネガティブな考え方をポジティブに変換していくと、次元が上がって、いつの間にか課題もレベルアップして行くのがわかると思います。

ネガティブなことが起きたら、チャンスだ！　と思って、ゲーム感覚でポジティブに変換して眠っている宝物を発見していきましょうね。

愛犬の病気

私に起きた２つの出来事を例にします。

２０２３年５月に犬を飼いました。だけど、その犬がブリーダーのところでケンネルコフという伝染病に感染していて、受け取った時から咳が酷かったのです。

色々な病院に連れて行ってもよくならず、最終的にはブリーダーがおすすめの病院に連れて行くことになりました。

車の運転という壁

その病院は車で1時間かかる場所にあり、１日置きに病院での治療が必要とのことでした。私は20年前にアメリカで車の免許を取得し、日本の免許に書き換えただけだったので、それまで日本で車を運転したことがありませんでした。しかし、パートナーはとても忙しい人なので、私が連れて行くしかなく覚悟を持って運転に挑戦しました。

行動範囲が広がる

1日置きの車での病院通いは、やはりビクビクしながらのスタートでした。車庫入れなども時間をかけながら入れていましたが、それを繰り返しやっていくうちに、運転にも慣れてきて、今ではどこにでも行けるようになりました。

愛犬の病気は辛いものでしたが、お陰様で私は運転ができるようになったことで、行動範囲が広くなり世界が変わりました。愛犬の病気も時間がかかりましたが、今では咳も治まり元気いっぱいに走り回っています。

ご縁があった病院は、院長先生や看護婦さん達が愛犬を、とってもかわいがってくれていて、私達が長期旅行に行くときには、ペットホテルも完備されているので、安心して預けられる病院なのです。

河口湖とのご縁

もう1つ例をあげると、私が画家をやっていた頃なのですが、収入の面でかなり変動があり、全く安定していませんでした。

新宿にアトリエ、六本木に事務所という2か所を借りて活動をしていたのですが、ある時友人とパワースポットに行こうということになり、河口湖へ遊びに行きました。

高速道路を車で走っている時、「アトリエを新宿から河口湖に移しなさい」と、宇宙から言われたので、友人に頼んで遊ぶ前に不動産屋に寄ってもらうことになったのです。

不動産屋に着き、担当者に希望の物件などを説明すると、1軒だけ希望の条件に合う物件があるとのことだったので、さっそく見に行きました。

新しいアトリエ

希望の条件とは、当時は車を運転していなかったので、六本木の事務所との往復は高速バスを使うことになるから、駅から近い物件じゃないとダメでした。あとは、音を出す作品をつくっていたので、音を出しても近所迷惑にならない環境も必要でした。

見にいった物件は、駅から徒歩5分の平屋で、周りは畑という最高の立地だったので、運命を感じて即決しました。

即決したのはいいのですが、その頃ちょうどお金がなかった時期だったので、引っ越しに持っていたお金すべてを使ってしまい、引っ越し終わってお財布にあったお金は、たったの５００円でした。

オーナーとの出会い

そんな状況だったのですが、ポジティブに変換しようと、歩いて30分くらいの所に、お城のような造りの美術館があり、そこで毎日生演奏があったので、気分を上げるために、聴きに行っていました。なんと、その美術館は地元の人の証明があれば、無料で入れたのです。

なので、毎日通うことができました。

毎日、通っているうちに、スタッフの人達の中で毎日通う人がいるという噂になり、それが美術館のオーナーの耳に入り、ある時、お呼びがかかったのです。

奇跡のオークション

そして、そのオーナーに自分が画家をやっていることや、今はお金がないことなどを話すと、持っている絵画を全部持ってきなさいといわれ、次の週にオーナーの家で、オーナーの友人を集め私の絵画オークションを開催してくださり、すべて売ってくれたのです。

１晩で、今までつくったことがない売上を上げて、全財産５００円を免れたのです。その流れで、美術館で半年間展示会を開催させていただくなど、オーナーには随分とお世話になりました。

これも、500円しかなかったネガティブな状況を、ポジティブに変換して引き寄せた現実でした。もしも、私が、500円しかないことに焦りを感じ、コンビニのアルバイトを始めていたら、引き寄せられなかった出来事ですよね。

人生ってね、本当にゲームなのです。常に、ポジティブに変換していきましょうね。

（河口湖から見る富士山）

2．神社での過ごし方

瞑想の場所

神社に行くのは好きですか？　私も以前は神社が好きだったのですが、今、瞑想、高次元との対話は芝生の上と、自然の中で行っているので、ほとんど神社に行くことがなくなりました。

理由としては、私の場合、神社に行くと神様からの指令が降りてくることが多いので、今は神様の代理のお仕事をやるよりも、自分のハイヤーセルフと繋がり自分の使命に生きることを優先にしているからです。

そうした意味で、自然の中のほうがハイヤーセルフや高次元の存在にアクセスできるので、自然の中にいるほうが多くなったのです。

神様からのヒーリング

ある時、母親から家の近所にある神社に行こうと誘われ、久しぶりに行ってみたのですが、その時に面白いことを神様から伝えられたのでシェアさせていただきますね。

神社に到着し、いつもどおり、２礼２拍をした後に神様にアクセスをしたら、神様から「合わせている手の側面を開きなさい」と言われました。

言われたとおり、合わせている手の側面を少しだけ開いたのです。

そしたら、神社の中から光が手の中に向かって流れて入ってきて、その光が全身に行き渡ったのです。

充分に行き渡ったと感じられる状態になった時に、神様から「手を閉じなさい」と言われたので、閉じてからお礼を伝えて、最後に１礼をしました。

新しい神社での過ごし方

そうなのです、神様からヒーリングを受けることができたのです。光を受けている間は心地よくて、全身がポカポカしていました。

この経験までは、私にとって、神社は神様の指令を受ける場所だったのですが、今では、神社では神様からのヒーリングを受ける場所に変

（箱根神社）

わりましたよ。

ぜひ、皆様も試してみてくださいね。きっと、神社での過ごし方が少し変わってくると思います。

3．脳が映写機

現実は映画

前の章でお伝えしましたが、大事なのでもう1度念入りにお伝えいたします。

現実ってね、映画みたいなものだといいました。映画館に入ると、スクリーンがあってそれに映像が映し出されるじゃないですか。現実って、それと同じなのです。映写機はというと、自分の脳なのです。

脳から発信しているエネルギーがスクリーンに映し出されて、それを目で観たり体感したりしているのです。

だから、「シンプルに現実を変えたい！」と思ったら、脳の中のデーターを変えてあげることが、映写機のフィルムを変えることに繋がるから、エネルギーワークなどで脳の中を変化していくのがよいですね。

これをしていかないと、逆に何も変わりません。それは、映画でもフィルムを変えない限り、同じ映画が映し出される原理と同じことなのです。

意識を変える

嫌なことがあったり、苦しめられたり、悲しませられたり…悪いことを相手のせいにしたいときってあるじゃないですか。だけどね、その出来事はすべて自分の脳から生み出しているものなのですよ。

だから、相手を変えようとするのではなく、自分の意識を変えるのです。意識を変えて、その出来事から何かしらの宝物を発見できたら、脳の中のフィルムが変わってきますよ。

ワクワクのエネルギー

私がカウンセリングで皆様にお伝えしているのが、「毎日ワクワクしてください」ということです。ワクワクの波動ってとても高いエネルギーの周波数を発信するから、現実も高波動な出来事が起きてくるようになります。

ご褒美活動

それをつくるための行動の１つとして、おすすめしているのが「１日１つのご褒美」を自分に与える行動です。

１日に１つ、小さなご褒美を自分に与える習慣をつけると、「今日は何を自分にあげようかな？」と自分をワクワクさせることを考えるじゃないですか。

たとえば、花1輪を自分にプレゼントするでもいいし、普段なら買わないお惣菜を買ったりでもいい、また可愛いお菓子を買うなどの小さなことでいいのです。

「自分のために、ご褒美を1日1回あげる！」をやってあげてくださいね。それだけで、現実が少しずつ変化していきますよ。

4．ファッションは人生を変える

誰でもオーラは見える

人ってね、霊能力がない人でも、オーラを見ることはできるのです。厳密にいうと、「印象」だったり、「雰囲気」だったり、そういうのを感じ取ることって誰にでもできますよね。

その印象だったり雰囲気を掘り下げてみると、オーラに繋がっていたりするので、オーラを見るための入口には誰でも立てるのです。

人を観て、なんか暗い人だな、凄く爽やかな人だな、明るくて気持ちがいい人だなとか、色々と感じられるじゃないですか。これに強く影響しているのがファッションで、着ている服の印象でほぼ、その人の印象が決まってしまいます。逆にいうと、オーラを変えたければ、ファッションから入る道もあるということなのです。楽しく、オーラを変えて、楽しく現実が変わり、人生そのものが変わっていくなんて素晴らしくないですか？

服が人生を変える

「どんな生き方がしたいか」をまず決めて、その理想の生き方をしている自分を想像してみてください。そうすると、そこで、どんな服を着ているか見えてくるはずだから、実際にイメージに近い服を着てください。

服が自分のオーラを変えて、オーラが変わると引き寄せる物事が変わります。それが変わると、人生で起きてくる現象が変わります。そう、服って、人生を変えちゃうのです。だから、とっても大事なポイントなので、理想の自分に相応しい服を着るようにしてくださいね。

黒色からカラフルへ

私は10代から30代は下着も含め、洋服はすべて黒色しか着ませんでした。

その長い間は思うようにハイヤーセルフと繋がらず、もがいていた期間ですが、２０２２年に「スピリチュアルカウンセラーをやりなさい」とハイヤーセルフから言われた時に、「黒色ではなく色々な色を着なさい」とも言われました。

黒色しか着ない人生が長かったため最初は抵抗があったのですが、人生を変える意味でも思い切って、カラフルな服装に変えてみました。

すると、クライアントさんから三田さんを見ていると元気が出るとか、色彩がいつも綺麗ですねと、褒められることが多くなりました。自分でも、心がより明るくなったと思います。

ステンドグラスアクセサリーとの出会い

そして、なんていってもアクセサリーに変化がありました。カラフルな服装には、カラフルなアクセサリーが合うと思い、ステンドグラスを使ったアクセサリーを自分でつくるようになったのです。

それが、発展して作品をたくさんつくるようになり、イベントなどで販売もしているので、気になる方はぜひ、イベント情報をチェックしてくださいね。

アナタも、理想の自分に合った服を着て、人生を変えて行きましょう。

ここで、オーラを整えるエネルギーワークを1つご紹介したいと思います。

5．オーラを整えるエネルギーワーク

ワーク

①安楽座、もしくはイスに座って目を閉じて深呼吸を繰り返してください。
②胸の前で両手を合掌してください。
③その両手を頭上に上げて、手を広げながらゆっくりと降ろしてきてください。
④その時に、自分の周りにあるいらないエネルギーを掻き集める意識で降ろしてきてください。
⑤掻き集めた、いらないエネルギーを両手で持ち、重さを確認します。

⑥そのいらないエネルギーを、宇宙空間へと投げます。
⑦見えなくなるのを確認したら、深呼吸をしてゆっくりと目を開けてください。

この、オーラのクリーニングは、定期的に行うといいですよ。

6．水拭きの必要性

修行での水拭き

私が過去に、古神道や密教の修行をしたときに行うこととして共通していたのは、水拭きで必ず大事にしていました。特に、古神道の修行の際は、雑巾の洗い方まで指示が入り、床の水拭き用に膝パットを付けて長時間の水拭きをしていました。

最初はどうして、綺麗な所をさらに拭かないといけないのか理解ができなかったのですが、やっていくうちに、色々と学びがありました。

水拭きから教えてもらったこと

その1つに、埃って、何もしなくてもつくモノですよね。だから、毎日拭かないといつの間にか埃の山になっていて、掃除するのも大変な状況になります。

心も同じで、何もしないと心の中にネガティブな思想が溜まってしまいます。それを、ポジティブな雑巾で拭いて行かないと、後で大変なことになってしまいます。

そういうことを教えてくれるのが、水拭きの1つの意味です。

もう1つの意味は、綺麗な水って場所を清める性質があります。だから、綺麗な水で水拭きをしたところは清められていくのです。清らかな場所には邪気が入らないから、邪気払いにもなりますね。

朝の日課は水拭き

私の朝の日課の1つに、玄関とトイレの水拭きがあります。どちらも、気の流れをよくしておきたい場所で、ここを汚していると、運気が落ちるのです。だから、毎朝、雑巾で丁寧に水拭きをしていますよ。そうするとね、朝から気持ちがよくて家を守っている気持ちになります。ぜひ、取り入れてみてくださいね。

第4章　スピリチュアル能力の高め方

1．芸術とスピリチュアル

絵を描く時の脳

スピリチュアル能力を高めたいという方へ、ぜひとおすすめしているのが、芸術活動を行うことなのです。

私自身、12年間プロの画家をやってきたのですが、自分の体感や感覚として、絵を描くときに使う脳とスピリチュアルのチャネリングに使うときの脳は同じ場所で、絵を描けば描くほどスピリチュアル能力が高まりました。

音の力

お坊さんが行う写経と原理は似ているとは思うのですが、描くときにぜひやって欲しいのが、波動の高い音楽を聴きながら描いて欲しいのです。これも、お坊さんがやるお経の意味合いと似てくるのですが、音のチカラってとても影響力があり、脳を刺激してくれます。

波動の高い音楽を聴きながら、絵を描くと意識の中の無意識部分が刺激されて、スピリチュアル能力が高まっていくのです。

もちろん、絵を描くこと以外に、音楽をつくることも、手芸をすることも、料理をすることもあらゆる芸術はおすすめですよ。

超意識トレーニング

私が開催している超意識トレーニングの講座は、この芸術のチカラを使いながら、無意識の超意識部分を覚醒していくことをお伝えしています。ご興味がある方はぜひ参加してくださいね。

実際に講座を受けた方の中から、これまで絵を描いたことがなかったのに覚醒する意味合いで絵を描いて行くうちに波動の高い絵画を描けるようになり、プロの画家を目指すようになった方もいらっしゃいます。

他には、経営者の方で講座を受けてその方の発想が急激に変わり、会社のシステムを思い切って変えてしまった方がおられました。もちろん、業績はうなぎ登りとご報告がありましたよ。

それぞれ、変化は違いますので、ぜひご自身で試して見てくださいね。

2. 吉日について

飛び交う吉日情報

占いなどに行かれた経験がある方はたくさんおられると思います。その時に、吉日などを教えていただいたことがあるかもしれません。一般的にも大安だったり一粒万倍日だったり、色々と吉日に関する情報が飛び交って、その吉日に合わせて行動を一致させていることもあると思います。

本当の吉日

私のハイヤーセルフから聞いたことなのですが、吉日はおまじないみたいなもののようです。世の中が、厄日だといわれていても、自分の波長には吉日の日だってあるみたいで、1番大切にしないといけないのは、「ハイヤーセルフと共に生きること」。

つまり、ベストなタイミングやベストな行動などは、ハイヤーセルフと共に生きていれば、アナタにとっての「吉日」を伝えにきてくれるのです。

ラッキーカラーなども、自然とその色が飛び込んできてくれるのですよ。なので、リラックスしながら、ハイヤーセルフと繋がることに集中していきましょうね。

リズム感のよい人生

ハイヤーセルフから降りてきたメッセージに行動を一致させていくと、リズム感のよい人生の流れになるのですが、この時、行動を一致させるのはなるべく早めにしていきましょう。

そうでないと、エネルギーの循環が悪くなります。エネルギーの循環が悪いと、現実で起きてくることもリズム感の悪い出来事が起きてくるようになります。目安としては、ハイヤーセルフからメッセージが降りてきたら、3日以内に行動をしていきましょう。

私の場合は、すぐその場でスタートさせる癖をつけていますよ。だから、忙しくなるのですが、ハイヤーセルフから言われることって忙しくなってもできる範囲のことしか伝えてこないので、安心して取り組んでいけます。

３．仕事の見つけ方

向いている仕事

カウンセリングをさせていただくときに多い質問の1つに、「向いている仕事」を教えて欲しいというのがあります。

スピリチュアル能力でチャネリングしながらその方の「使命」を探しだすことも1つの見つけ方なのですが、基本的には、「自分がワクワクすること」をやっていてくださいね。ワクワクすることの他に、「社会にニーズがあるということ」も大事なポイントになります。この2つが合わさったのなら、やるべき仕事といって大丈夫でしょう。

応援できること

「自分の能力で何をやれば他人を応援できるか」を考えてみてください。仕事って、掘り下げると、「他人を応援すること」なんですよ。

自分の能力で他人を応援できて、ワクワクすることで、社会のニーズがあること。これを、探し出せば、天職といってよいと思いますよ。

ワクワクすること

私の場合は、画家を引退してから急に、見たことがない映像が降りてきて、それを書き出していたら小説になっていた、そして小説になっていたという流れから、作家になっていました。スピリチュアルカウンセリングに関しては、ハイヤーセルフと共に生きるようになってから、導かれて仕事に繋がっています。

私にとって、ワクワクすることは次元上昇する実感なので、ハイヤーセルフと共存していたら社会にニーズがある道に導かれたという感じで仕事に繋がっています。

この、ワクワクすることって宇宙と繋がる上で、非常に大事なポイントで宇宙と繋がるときに起きてくる現象なので、大袈裟にいえば、ワクワクすることだけをやっていれば本来の魂の生き方に繋がるといってよいくらいなのです。

ぜひ、ワクワク人生を歩んで生きましょうね。

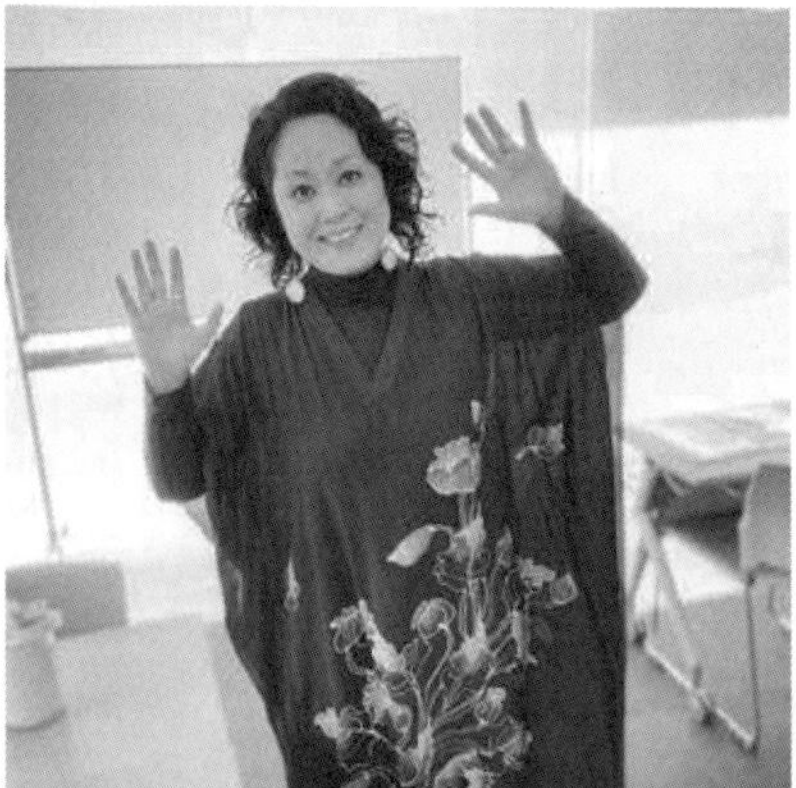
（セミナー会場にて）

4．ツインレイとツインフレーム

魂の繋がり

カウンセリングでよく、相談にのる内容が恋愛です。中でも、魂の繋がりである、ツインレイやツインフレームということを意識している方々が多く、これについて説明したいと思います。

ツインレイの特徴

「出会った瞬間にこの人は運命の人！」と感じたことはありませんか？　もし、あればそれはもしかしたらツインレイかも知れません。

ツインレイの特徴としては、人数的にはこの世界に1人しか存在しない関係で、異性同性は関係ないです。ツインレイと出会う意味としては、無条件の愛を学ぶためなので、恋愛として出会う確率が高いです。

特徴としては、自分と似ていることとサイレント期間があること。このサイレント期間とはどういうことかというと、男性的な役割をしている方が突然別れを告げ去ることになります。

残った女性的役割の方が、精神的ダメージを強く味わうのですが、その経験を通して、スピリチュアル能力が高まる傾向にあります。

サイレント期間が終わると、また繋がりができることもあれば、そのまま繋がらないで別の人生を歩む方々も多くいます。いずれにしても、激しい恋愛を経験することが特徴です。

ツインフレームの特徴

ツインフレームについては、地上に3人、高次元に4人の合計7人がいるといわれています。出会う意味としては、お互いの使命を助け合うことにあり、同性に多いです。親友になる人もいれば、恋愛に発展する場合も多くあり、その場合はツインレイとは違い穏やかな恋愛になります。

ツインフレームは、ツインレイとは違い、サイレント期間などもなく心地よい関係を続けることができるでしょう。

ツインフレームとの出会い

私の場合、今のパートナーはまさしくツインフレームなのです。

一緒にいて「不安、恐れ、ストレス」が全くな

（著者、パートナー、愛犬）

い相手で、「安心、平和、心地よさ」が溢れた関係性を築いていています。

ツインフレームの特徴としては、お互いの魂の次元を上げるために支え合うことがあります。

私は、精神修行を色々とやってきたのですが、彼女と一緒にいると、心地よい関係性で精神を高めていくことができるので、とてもありがたい存在です。彼女も、私といると精神が高まっていくのがわかると言ってくれています。

私が高い意識で安定した精神を保ちながら、カウンセリングのお仕事ができるのは、彼女との日々の生活が豊かだからなのです。彼女には、いつも心から感謝していますよ。

5．邪気の払い方

邪気とは

邪気を払うというのは、どういうことかというと、自分にとって低いエネルギー周波数がくっついてきたときに、取り払うことをいいます。イメージでいうと、エネルギーの埃です。埃って、何もしなくてもくっついてくるじゃないですか。それと同じで、エネルギーの埃も何もしなくてもくっついてきます。それを定期的に掃除してあげないと、埃まみれなエネルギーに取り巻かれてしまいます。なので、エネルギーの埃を拭くことは、毎日の習慣にしましょうね。

やり方は様々にあるのですが、簡単な方法をいくつかご紹介します。

高波動なお風呂

1つ目は、高波動なお風呂に入ること。どうやったら、高波動なお風呂ができるかというと、エプソムソルトというパウダーがあるのですが、これを入れたお風呂に20分浸かってください。そうすると、身体が軽くなるのを実感できると思います。パワフルな力で邪気を取ってくれますよ。

大地に寝転がる

2つ目におすすめなのが大地に寝転がること。芝生のある場所まで出かけて行き、シートを広げたその上に最低2時間は寝転がってください。みるみるうちに身体がヒーリングされて行くのがわかるはずです。

私は、次元を上げるために毎日これをやっていました。

物を捨てる

基本的なことで、1番といってよいくらいに大切なことは「断捨離」です。

これは前にも書いたとおり、モノには周波数があり、自分にとって不必要な周波数を出しているモノや必要のないモノはすべて手離していくと、波動が軽くなり入っ

（昭和記念公園での瞑想）

てくる出来事も変わります。人生を大きく変化させたいときは、必ずやるべきことです。

最後にどこでも気軽にできる、簡単なエネルギーワークをご紹介しますね。

6. 呼吸のエネルギーワーク

ワーク

①深呼吸をして欲しいのですが、吸う空気が黄金色のキラキラした空気が体の中に入ってくるのをイメージしてください。
②そして、吐き出す息が黒くて汚れているのをイメージしてください。これを、ゆっくりと繰り返していきます。

どこでもできるエネルギーワークなので、おすすめですよ。

7. 未来は決まっていない

未来は1つじゃない

未来が不安な方って多いと思います。そんなときに占いとかに行って、未来を教えてもらうことがあると思うのですが、実は、未来って1つじゃないのです。

だから、占いでいわれることって、1つの可能性にしか過ぎず、未来って、いくとおりもあるから、「行動次第でどうにでもなる」のが、真実の答えなのですよね。

行動次第

私の所にも、未来を教えて欲しいというたくさんの方が訪れます。私の場合、いくとおりの道から最善と思われる道を提示し、その未来に向かうために具体的に行動することをお伝えしております。

その行動をするかしないかで、その伝えた未来になるか、ならないかは決まってきます。可能性は無限なので、最善の未来を歩んで欲しいのですが、それは本当にその人の行動次第なのです。

地球は行動の星

この地球は行動の星なので、行動しない限り、何も変わりません。理想の自分をイメージできたら、明日からではなく、今からその理想に向けて行動を一致させていきましょうね。

せっかく、チャンスが色々と巡ってきても、行動が真逆なことをしていて、いつも、不満を抱えて生きている人達をたくさん見てきました。これを読んでいるアナタにはそうなって欲しくないので、声を大にして言わせてください。

「理想の自分をイメージしたら、それに向かって、行動を一致させてください」

第5章　意識の変え方

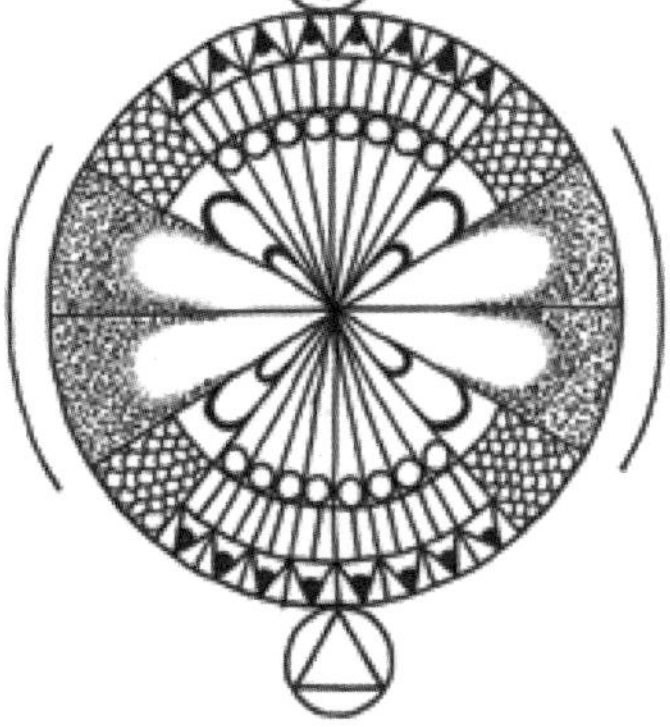

1. 現実を式に置きかえてみる

現実世界を式であらわすと

1＋1＝2、3＋8－2＝9…という式ってありますよね。この式って、実は現実世界にも起きているということなのです。

どういうことかというと、たとえば食事会に誘われたとします。ところが、直前に相手の都合で、その食事会がキャンセルになりました。その日は、仕事も早く終わらせたので、気分を変えるために、前から行きたかった素敵なレストランに行くことにします。そこで、思いがけずに、気になっていた人と遭遇しました。

これを式にしてみると、（食事会に誘われた）－（食事会のキャンセル）＋（素敵なレストラン）＝（遭遇）。

ここで、キャンセルになったからといって、感情をむき出しにして怒って家に帰ることを選択したら、気になっていた人とは遭遇できませんでした。

現実の式って、感情で観るのではなく、理性を保ちながら現実を客観的な目で観ることが不可欠になるのです。

この感覚に慣れてくると、選択することがとても楽になってきますよ。

清瀬＋家族＋会議室＝講座

私のことを例にすると、私は今、清瀬という町でパートナーと一緒に住んでいるのですが、彼女と出会った頃の私は、スピリチュアルカウンセラーとして駆け出したばかりの状態でした。なので、講座なども開催しておらず、これからどうやって活動をするべきなのかを模索していたところだったのです。

私の中で、第２の人生をスタートする時に決めていたことがあって、それは家族中心の生活をすることでした。家事をきちんとこなし、ご飯もいつもつくって待っていられることを第１に、その上でできる活動の仕方を考えていたのです。

そこで、式を用いて考えました。

（清瀬）＋（家族）＋（会議室）＝（講座開講）

このような式ができて、さっそく近くの会議室を調べたところ、少人数でミーティングができるような会議室が見つかり、講座を始めるのにはベストな環境でした。

式の結果

講座内容はハイヤーセルフに聞きながらつくり込み、それをホームページで公開したら、たくさんの方がお申込みくださって、今では北海道や宮城県、沖縄からもお越しいただく講座に成長し、清瀬という人が集まりにくい立地でも可能だったと現実が証明してくれました。

もしも、私が清瀬だから人が集まらないとか、講座なんて、自分にはできないなんてネガティブな意識を持っていたら、今の私はありませんでした。

「やるべきこと」「進むべき道」に迷ったら、答えは現実に散らばっているのです。現実を式に組み立てて、答えを出すやり方は感情次元に揺さぶられることなく、淡々と答えが出てくるので、とてもおすすめの抜け出し方です。

やるべきことって、何が好きなのかという「感情次元」で考えると、進むべき場所に辿り着けず、結果的にもがいている方々が多いのではないでしょうか。

現実に「何が用意されているのか」を式で紐解いていけば、摩擦の起きない道に辿り着くのです。

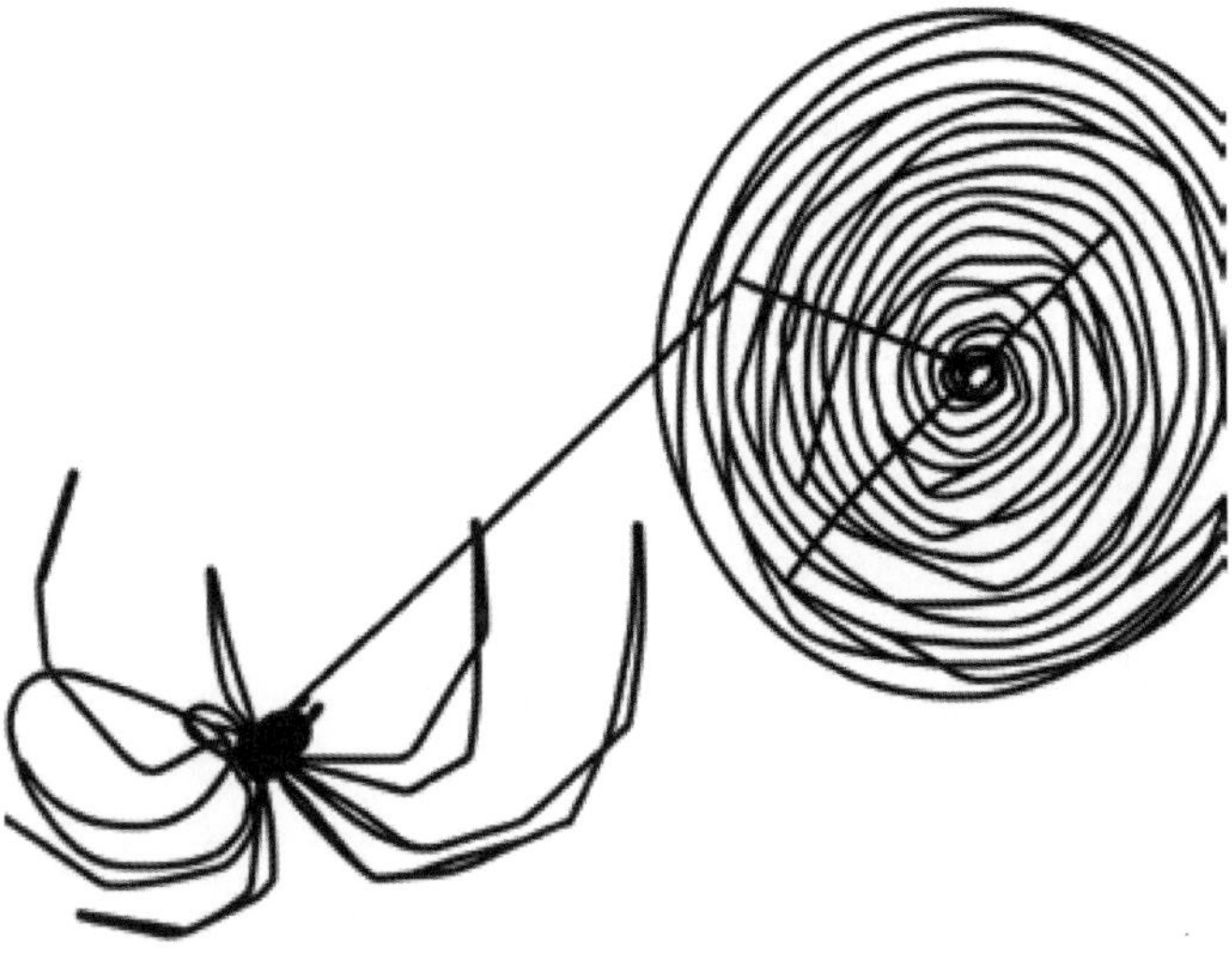

2．占いの楽しみ方

未来は無限

本書を読んでくださっている方は、占いに興味がある方が多いと思います。占いといっても本当に多くのジャンルがあるのですが、よく聞かれる質問の中では未来についての質問が多いと思います。

きっと、質問される方の心境としては、未来って1つしかないからその答えを知りたいという気持ちが強いのだと思います。だけど未来って、1つではなく無限の可能性があることを、ここでもう1度知って欲しいのです。

未来はクリエイトするもの

未来を知るのではなく、「未来をどうしたいか」が正しい答えで、その、未来をどうしたいかを決めていくのに大事なことって、やっぱりここでも「ハイヤーセルフと一致しながら行動する」ことなのですよ。

ハイヤーセルフと一致しながら行動をしていくと、自分の「使命」を歩くことになります。その「使命」を歩くようになると、迷いがなくなるし、悩むこともなくなります。

じゃあ、占いの役割は何？　というと、「確認」のためにおすすめしています。

確認のための占い

ハイヤーセルフと共に生き、伝えてくるメッセージと共に進みながら、「この道で大丈夫だよね？の確認」のために、占いをお願いするのが健康的な関わり方なのかなと思います。

よく、自分の運命をすべて占いに頼って決めている人もいますが、精神的にも不安定になりやすいと思うので、おすすめはしません。

私は、スピリチュアルカウンセラーとして活動をしていますが、「占い師」として扱われることもよくあります。そこでは、まず未来は無限の可能性があるので、行動次第で変わってくることをお伝えした上で、最善の道を見つけるお手伝いをさせていただいております。

3．人間関係で嫌なことがあったとき

悩みの大半は人間関係

スピリチュアルカウンセリングさせていただく中で、人間関係の問題で悩まれている方が本当に多くおられます。

パーセンテージでいうと、90％くらいを占めているといっても過言ではありません。そのくらい

に、人の悩みの大半は人間関係なのです。

同じ周波数は集まる

人ってね、周波数を出しているのですが、同じ周波数の人達が集まる傾向にあるのですよ。「類は友を呼ぶ」って言葉があるとおり、自分が発している周波数と同じ周波数の人が自分の周りに寄ってきます。

「あんな奴と同じ周波数なんか出していない！」といいたくなる人もいますよね。だけどね、同じ周波数じゃないと合わさることができないのが真実なのです。

今、周りを見渡してみて、自分が関わってもワクワクしない人達に囲まれているとしたら、アナタは周波数を上げていく必要があります。

それはまるで、ラジオのチャンネルを合わせていくようなイメージなのですが、高い周波数に繋がるには自分が高い周波数を発信しないと繋がらないのです。

周波数が変わると

今までは、仲よかったし一緒にいて心地がよかった人と、突然噛み合わなくなることってありませんか？　一緒にいてもなんだか、心地が悪くなったとか、ワクワクしなくなったとか。

それって、どちらかの周波数が変わって、周波数が合わさっていない状態なのです。だから、一緒にいても居心地が悪くなったりするのです。

特に今は、地球の次元がどんどん加速して上がっているので、新しい地球の周波数で生きる人と古い地球の周波数で生きる人の2極化現象が起きていて、合う合わないがハッキリと見えてくる時代でもあります。

合わない周波数の人との関わり方

じゃあ、合わない人とどうしたらうまく関わっていけるのでしょうか？　それはね「尊重すること」なのです。

どういうことかというと、先ほどの2極化現象で説明すると、今はネガティブな次元を楽しんでいる人と、ネガティブな次元に飽きた人の2つに分かれているのです。

簡単にいうと、ネガティブ眼鏡で世の中を見ている人と、ポジティブ眼鏡で世の中を見ている人に分かれ始めているのです。

2つの眼鏡

ネガティブ眼鏡をかけている人にとっては、何を見てもネガティブに捉えてしまうし、ポジティブ眼鏡をつけている人にとっては、何を見てもポジティブに捉えていきます。

どっちが正しいかという議論ではなく、ネガティブ眼鏡を付けている人を「尊重」してあげて欲しいのです。「この人は、ネガティブな世界を自ら選んで楽しんでいるのだな」と、理解をしてあげてください。

その上で、「自分とは違う眼鏡をかけているから周波数が合わなくて当たり前なのだな」とも理解をしてあげてください。合わないことを責めたり、無理に合わせようなんてしなくていいのです。

もうね、世界が本当に違うだけなのです。だから、周波数の合わない人達とケンカをすることなく、否定することもなく「尊重の心」で共存していきましょう。

接し方は、イメージで伝えると、外国人の方に接する感じです。外国の人とお話をしたり、交流するときって、違う文化、風潮があるから最初から距離があるのを理解しながら、近づきませんか？　そこに好きとか嫌いという感情ってないですよね。それと、同じようなイメージで接してみてくださいね。

4．一般社会でも通用するスピリチュアル

一般社会で理解されないスピリチュアル

現代は「スピリチュアル」というジャンルが一般的になりつつあり、スピリチュアルカウンセラーとしては、とても活動しやすくなっています。しかし、まだまだ社会では、理解されていない分野でもあるのが現状です。

私は、生まれながらにして霊能力が高かったため、一般社会では生きにくい時代が長く、本格的に活動をしている今、スピリチュアルがどうしたら一般社会で当たり前な分野になるのかが課題の1つとなっています。

一般社会での実験

私の場合は、10代の頃から、エンターテイメントの世界や芸術の世界でしか生きてこなかったため、うまく自分のスピリチュアル能力を作品の中に生かしてこられたのではと思っています。

ただ同時に、「自分のこの能力が本当に一般社会に通用しないのか？」という疑問もあり、1度実験をしたことがありました。

この実験は、今までの人生の中で1番面白かった実験です。

銀行で働く

私が20代後半の頃、一般社会の代表的な業界は、「銀行」だと思ったのですね。ちょうどその時、運気を上げるために、青山通り沿いの青山に住んでいたのですが、家から徒歩15分の所に大手銀行があり、そこで営業を募集していたのです。

なぜ青山通り沿いがよかったのかというと、エネルギーが高い道路なので身を置く場所は青山通りがよかったのです。

なので、実験の場所である銀行も、青山通り沿いじゃないと嫌で、たまたま見つけたのが青山通り沿いにある大手銀行でした。

そこの大手銀行が募集していた営業の面接に申し込みました。履歴書を書いて面接に行ったら、なんと、奇跡的に受かりすぐに採用されたのです。

１＋１＝１、３＋３＝１と思っている自分が、はたして銀行なんかで勤めることができるのか、本人よりも周りがとても心配していました。

スピリチュアルを使って見る、抜け道

計算ができない上に、興味のない文字は全く読めないという、めんどくさい性質もあるため、銀行で渡された業務事項など全く読めなかったのです。なので、エリア担当マネージャーを呼び出し、やってはいけないことを口頭で説明してもらいました。

すると、やってはいけないことの中から、細い糸のような道が見えてきて、抜け道が見えてきたのです。その細い糸のような抜け道は、スピリチュアル能力を使って見えてきた道でした。

エネルギーを使った営業

そして、いざ現場に入り営業活動を開始したのですが、銀行に入ってくるお客様のエネルギーを見るだけで、自分のお客様になるかならないかが見えてきました。

これも、スピリチュアル能力を使っています。

青山通りの高いエネルギーの流れを捉えていたので、まるで太極拳で「気」を扱うときのように、お客様のエネルギーを自分の波長に合わせて、自分のお客様にしていました。

これも、スピリチュアル能力を使っています。

東関東トップクラスの営業マン

そんな感じのスピリチュアル営業活動を、銀行で実験したところ、3か月で東関東トップクラスの営業マンになったのです。

あまりに短期間でありえない成績を残していたので、銀行の本部から、どんな営業方法をやっているのか調査が入りました。

会議室に呼ばれて、色々と聞き出す本部の方に、「青山通りの高いエネルギーを使いながら営業していますと答えると、本部の方々は目が点になっていて、固まっていました。だけど、クレームもミスもないので、本部の方達は「よくわからないけど、引き続き宜しくお願い致します」と言って、帰って行きました。

嬉しかったのが、一般社会で東関東トップクラスの営業マンとして表彰を受けたのです。今でも大切に賞状を持っていますよ。

スピリチュアル能力って、一般社会でも十分通用することがわかって、大満足をしたので２年くらい勤務した後に、銀行は辞めてしまうのですが、自分の人生の中でとても大きな実験の１つでした。

銀行を辞めてからは、本来の自分の姿に戻るために、絵画作品を描いたり、古神道の精神修行を３か月やらせていただいたりしました。

たまに、三田さんは一般社会を知らないからといわれることがあるのですが、この銀行の２年間で一般社会のど真ん中を経験させていただいたと思っていますよ。

（セミナーにて）

5. 名前のある神様

神様との繋がり

本書を読んでくださっている方の中にも、神社を好きな方が多くいらっしゃるのではないかと思います。後は、天使が好きだったり、教会が好きだったり…。

共通しているのが、名前のある神様が好きですよね。

私も、過去にたくさんの神社や教会に行っていた時代があります。その時は、夢に神様から呼び出しが入ることがたくさんありました。

次元でいうと、ハイヤーセルフと繋がる前の修行のプロセスの次元でした。

出雲のオクニとの出会い

夢に出てきた神様から、「どこどこの神社にきなさい」と言われて、新幹線などを手配して行くと、「そこの土地に高次元のエネルギーを降ろしなさい」と指令が入るので、その仕事を一生懸命にやっていました。

具体的な例をあげると、東北大震災の直後に、女性が枕元に立って話しかけてきました。「アナタは誰ですか?」と聞くと、「オクニ」と答えてきて、オクニって誰だろうと起きてから調べると、

「出雲のオクニ」という歌舞伎の創立者だったのです。

小劇場を開催

彼女は、出雲大社の巫女だったのですが、人々に「かぶけ、かぶけ」と言いながら、男装をして、パフォーマンスをしていた人なのです。これが、歌舞伎の原型です。

次の日も、出てくるので「何をさせたいの？」と聞いたら「小劇場」と答えてきて、その時たまたま自分のことを応援してくださっていた方から、空いているビルのフロアを何か世の中のために使いなさいと、無償で提供されていたので、そのビルのフロアを小劇場にしなさいってことだと思い、準備を開始しました。

出雲のオクニのお墓参り

準備をしていると、出雲のオクニがまた枕元に立ち、「自分に会いにきなさい」と言ってきたので、新幹線のチケットを手配して、出雲大社まで飛んで行きました。オクニのお墓は出雲大社の近くにあったので、３日間、お墓参りに時間をかけたのです。

その後に、「小劇場」を半年間、期間限定で開催したのですが、出雲のオクニがやりたかったのは、東北大震災の時に世の中に沸き起こった「不安」「悲しみ」「辛さ」などのエネルギーを、舞台を通して癒したかったみたいなのです。

それを、私に託してきたようでした。

大成功した小劇場

半年間、出雲のオクニの代わりとして、小劇場を運営したのですが、海外からも出演者がくるくらい浸透していましたよ。私がやりたかったことではなかったのですが、オクニの代役としてできたことはとてもよい経験になりました。

仙台での経験

それと同じ時期なのですが、東北大震災の直後に「仙台に行きなさい」と、神様から言われて「そこで成仏していない霊を成仏させてきなさい」と指令が入ったのです。

霊能力が高い人達の中では、当時、仙台に行くのは危ないから止めなさいと言われていた時期で、なんで危ないのかというと、成仏していない霊が多すぎて、自分も死の世界に持っていかれると言われていました。

そんな中の神様の指令だったのですが、仙台に向かい大変な状況になっている土地を練り歩きながら、成仏していない方々を成仏させるため、霊を霊界へと上げていきました。

海水が土地を飲み込んだ後だったので、独特な匂いと誰もいない廃墟化した街並みと、安定しない土地のエネルギーの中、たくさんの成仏していない方々を見てきました。

言葉にならなかったですね。

これも、神様からの指令で行ってきたことの1つです。

神様の修行

名前のある神様って、まだ修行中の魂なので、地球上、人間世界でやるべき仕事があって、自分の手足になる人を使いながら、自分達の仕事を行います。

ひと昔前のスピリチュアルの世界って、そういう次元が1番高い次元だと、私みたいな神様の手足になる人達は、誇りを感じながら活動をしていました。

使命ではなく、手足

ただ、ハイヤーセルフと繋がって生きる次元になった今、「あれはハイヤーセルフと生きる次元に繋がるための、修行だった」ということを、身をもって体験させられました。

自分の「使命」に生きる次元ではなく、神様の「手足」となる次元。その違いをハイヤーセルフから教えてもらってからは、あまり神社に行くことが少なくなりました。

現代は覚醒時期

じゃあ、本書を読んでいるアナタが、その私が修行をしてきた神様の手足の次元を通過しないと、ハイヤーセルフと繋がることができないのか？　というと、そうでもなく地球って２０１８年あたりから次元上昇が加速しているため、苦しい修行なしでみんなが「覚醒」、すなわちハイヤーセルフと共に生きる次元に到達できる世界になっているのです。

それなので、私も本書を書いたり講座を開いたり、皆様の「覚醒」をお手伝いする活動を全力で行っております。

6. 体調不良を治す方法

ネガティブから生まれる不調

私達、人間は肉体を持っているから、常にメンテナンスをしながら、肉体と心と魂のバランスを保っていますよね。この、バランスっていうのが大事で、バランスを崩すと、身体に不調が出たり、心が落ち込んだり、魂の成長が減速したりします。心で、憎しみ、恨み、悲しみなどのネガティブといわれる周波数を維持していると、それが塊になって、身体に何かしらの形となって現れます。

だから、心を健康にすることが身体の健康にも繋がるのですね。

奇跡が起きるエネルギーワーク

私の生徒で、３か月のセラピスト養成講座を受けた方がいらっしゃるのですが、その方は講座を受ける前に胸にしこりがあったのです。

それを聞いて、あるエネルギーワークを教えたのですが、そのエネルギーワークを1か月やったところ、胸にあったしこりがなくなったといっていました。

私も、あるとき食事会があって、直前になって気持ちが悪くなり吐いてしまったのです。だけど、どうしても行きたかった食事会だったので、電車の中でこのエネルギーワークをやりながら体調を整え、レストランに向かいました。

すると、あれだけ気持ちが悪く体調がよくなかったのに、普段どおりに戻っていたのです。

ここで、その体調不良を治すためのエネルギーワークをお伝えしますね。

7．身体の浄化エネルギーワーク

ワーク

①安楽座、もしくはイスに座り、目を閉じて、深呼吸を繰り返してください。
②自分の頭上に大きな網があるのをイメージしてください。
③その網が、頭上から足先までゆっくりと、降りてくるのをイメージしてください。
④その網が体内を漉しながら、いらないエネルギーを取ってくれるイメージです。
⑤いらないエネルギーは、黒い塊でも、黒い液体でもいいので、それが網に引っかかって行くのを

イメージしてください。
⑥足先まで行ったら、身体から離してください。
⑦その網に引っかかった、黒いエネルギーを宇宙から流れてくる黄金色のエネルギーで洗い流すのをイメージしてください。
⑧終わりましたら、ゆっくりと目を開けてください。

この、エネルギーワークはとてもパワフルに効果が出るので、体調不良のときだけでなく普段から体内クリーニングをするつもりで、行ってみてくださいね。

きっと、身体の中がいつも以上に、スッキリとする感覚を味わえると思います。

8．コーヒーの癒し効果

廃人からの次元上昇

最初のほうで自己紹介をした時に、２０１９年に廃人になった経験があるとお話ししました。仕事、友人、お客様、環境、実績、健康…すべてを同時に失ったのです。

その時に自分の次元上昇が必要だと思い、ひたすら大きな公園の芝生の上で寝転がり、瞑想やエネルギーワークを2年間行いました。

この瞑想やエネルギーワークにより、最も私が次元上昇できた経験に繋がり、今では廃人になった経験があってよかったと思っています。

瞑想の休憩時間

芝生の上で寝転がって、瞑想やエネルギーワークをやっているときに、休憩時間にスペシャルティコーヒーを飲むようにしていました。もともと、コーヒーは好きだったのですが、外でハンドドリップをしてコーヒーを飲むと、質の高い瞑想に繋がるのではないかなと考え実践してみたのです。

するとやっぱり、かなり瞑想効果を実感して、いつもハンドドリップの道具を持参しながら、公園に行くようになりました。

コーヒーのグレード

コーヒーにはグレードがあって、それは蟹にたとえると、北海道の蟹か、コンビニのカニカマかってくらいに、コーヒーにも違いがあるのです。

私が好きなコーヒーのグレードは1番高いグレードで、スペシャルティコーヒーというジャンルです。

何が他のコーヒー豆とは違うかというと、情報量なのです。どこの国の、どこのエリアでつくられ、どの農家がつくり、どういう精製方法を使ったとか、育った標高や、品種など、とにかくそのコーヒー豆に対する情報量が多いのがスペシャルティコーヒーの特徴なのです。

残念なことに、スペシャルティコーヒーよりもグレードが低いコーヒー豆は、どこの国までは情報があるのですが、他の情報は手に入らないのが現状です。

質のよいコーヒー

情報が細かく行き渡るとなると、農家さん達は責任を持って、美味しいコーヒー豆をつくることに力を入れてくれます。

なおかつ、COE（カップ・オブ・エクセレンス）という大会があり、その大会で受賞をすると高い値段で取引されるので、農家さん達は頑張ってよいコーヒー豆をつくってくれるようになったのです。

値段は、ＣＯＥ受賞のコーヒー豆となると、少々高いのですが、スペシャルティコーヒー豆は、基本的には１００グラム１０００円前後で入手可能なので、そんなにハードルは高くないのですよ。

コーヒー1杯淹れるのに、約10グラム使うので、１００グラムだと10杯は飲めるでしょうか。１００グラム１０００円のコーヒー豆だとしたら、1杯１００円で飲めてしまうのです。

コンビニのコーヒーでも、３００円くらいするので、自分で淹れるようになると、質のよいコーヒーを安く飲めるようになり、かなりおすすめなのですよ。

リラックスできる効果

どうして、瞑想の時にコーヒーを飲むのがよいかというと、コーヒーの香りはとても癒し効果があるのです。

コーヒーの香りを嗅ぐと、右脳の情緒部分が刺激され、脳からアルファー波が出てリラックスできます。同時に、認知や情報処理という、頭の回転に与える影響も、コーヒーの香りを嗅ぐと格段に向上します。なので、リラックスしながら頭の回転がよくなることに繋がります。

コーヒーには数え切れないほどの成分が入っていて、漢方薬のような効果もあるようです。

(アウトドアでハンドドリップ)

美味しくて、リラックスできて、身体によい、最高な飲みモノですよね。ぜひ、生活の中にハンドドリップをして、コーヒーを飲むという瞑想コーヒーを楽しんでもらいたいです。

ちなみに、私は好きが高じてコーヒーの焙煎をするようになり、MITACOFFEEというコーヒー豆ブランドを立ち上げています。

ご興味がある方は、ホームページをご覧くださいね。

9. 会社内は、曼荼羅

経営者の悩み

スピリチュアルカウンセリングさせていただく中、経営者の方の悩みをよくご相談いただきます。その内容はというと、人の動かし方が大半です。どうやったら、うまく人を動かすことができるのか悩まれている経営者の方がとても多いのです。

これは経営者だけでなく、後輩や部下がいるサラリーマンの方にも多い悩みなのではないかと思うので、ここで原理をお伝えいたしますね。

組織は曼荼羅

これは、前の章でお伝えした「曼荼羅」の話になってくるのですが、人が組織やグループとして繋がるご縁というのは、宇宙的な視点から見ると、「曼荼羅」のご縁なのです。

どういうことかというと、１人ひとりが、その組織の中で、自分のやるべきことに集中をしたら、綺麗な曼荼羅ができてバランスよく効率が保てるのです。

必ず、その所属している組織内にご縁があるということは、自分にしかできないパーツがあるから引き寄せられて、ご縁を繋ぐものなのです。

トップの仕事

トップの人が、その人にしかできない「役割」を見極めて、引き出してあげて、やらせてあげると、本当に綺麗なバランスが生まれてきます。

それを、その人の役割ではないことを無理にやらせて、摩擦を起こし、やる気をなくしていくやり方のトップが多いから、綺麗な曼荼羅にならないのです。

トップになる人は、パズルゲームをやっていると思ってください。

パズルの原理

パズルをするときって、１つのピースをじっくり見て、形を確認してから、合いそうな箇所に置いていくじゃないですか。

もしも、合わない箇所に無理矢理入れてしまったら、そのピースは、折れ曲がり、本来の形ではなくなりますよね。

組織も同じなのです。

1つのピースをじっくり見てあげて、形を確認したら、合うお仕事をさせてください。

それを、1人ひとり丁寧にやっていくと、綺麗な曼荼羅ができて、バランスよく効率が保てるようになるはずです。

「あいつはできないやつだから！」なんて言わないで、必ずね、組織に繋がった「ご縁」があるのです。そこを丁寧に見てあげてくださいね。

10．運命のパートナーの見つけ方

真実のパートナーへの執着

ツインレイや、ツインフレームの章で、少しお伝えしましたが、カウンセリングさせていただく中でかなり多い質問が、どうしたら運命の相手に出会えるかということです。

私は、30代から12年間くらいパートナーをつくらないで過ごしていたのですが、その時にパートナーが欲しくなかったわけでなく、「真実のパートナー」が欲しかったのです。

誰かととりあえず、付き合いたかったわけではなく、本当に出会うべき相手と恋愛しない限り、無意味な気がしていたのです。

なので、パートナーが欲しい執着は人一倍あったし、だけど誰でもよかったわけではなかったので、12年間という長い時間を１人で過ごしていました。

その12年の間は、画家をしながら精神修行ばかりしていましたよ。

自分の魂レベルが上がれば、必ず「真実のパートナー」と出会えると信じていたのです。

執着がなくなる

２０１９年に廃人になった時、次元上昇を目指して瞑想やエネルギーワークを2年間やっていたらハイヤーセルフと共に生きられるようになったのですが、ハイヤーセルフと共に生きるようになると、すべてのことが満足してしまうことにも繋がり、１人で生きることに対しても、満足してしまいました。

その時から、真実のパートナーが欲しいという執着がなくなったのです。

自分の人生そのものが、豊かに感じ、１人でいることも抵抗がなくなったのです。

心配や、不安、孤独も全く感じず、いつもワクワクしていました。

ハイヤーセルフからのメッセージ

そんな日々を過ごしていた2022年の春。ある朝起きたら、突然ハイヤーセルフから、「同性の仲間募集サイトに『パートナー募集』の記事を書きなさい」と言われました。

最初はもの凄くびっくりしたし、今更もうパートナーはいらないと思っていた矢先だったので、躊躇したのですが、ハイヤーセルフから伝えてくる内容が強く降りてきたため、勢いに任せて書き込んだのです。

化粧をしない女性

なぜ、同性の仲間募集サイトかというと、私はいわゆる同性愛者でも異性愛者でもなく、「真実のパートナー」が欲しい願望しかなかったので、その「真実のパートナー」が女性であろうが、男性であろうが、おじいちゃんであろうが、おばあちゃんであろうが、外国人であろうが、動物であろうが、なんでもよかったのです。

だけど、子供の頃から、自分の「真実のパートナー」は化粧をしない女性だろうと、確信はうっすらとありました。

なので、ハイヤーセルフから「同性の仲間募集のサイトにパートナー募集を書き込みなさい」と言われたときも、セクシャリティとしては全く抵抗がなく、すんなりと書き込むことができたのです。

パートナーと繋がる

そこで繋がったのは、私の投稿が、たまたまそのサイトで女性のゴルフ仲間を見つけようとアクセスしていた女性の目に留まり出会った、今のパートナーです。

彼女も私と同じで、いわゆる同性愛者や異性愛者ではなく、好きになった相手がたまたま女性という感じで、恋愛する上で、性別は関係ない人だったのです。しかも、私が子どもの頃からうっすらと思い描いていた、化粧をしない女性だったのです。

私達は出会ってすぐに仲よくなり、1週間でパートナーになり、半年後には東京都が発行しているパートナーシップ制度に登録をして、本当の家族になりました。

ツインフレームだった

彼女との出会いは、お互いに急速に「次元上昇」をするために支え合う相手で、ツインフレームだったのです。

この2年の間でお互いにかなり次元上昇ができましたよ。

私が、過去に長く探し続けていた「真実のパートナー」であることは間違いなく、普通の恋愛にありがちな、嫉妬、不安、苦しみ、悩みなど…そうした低い周波数を全く、感じ合わない相手で、毎日が豊かさで溢れています。

1人では味わえない、2人だからこそその豊かさなのです。

ツインフレームに出会えた理由

なぜ、私がツインフレームである、彼女と出会えたかというと、「真実のパートナー」が欲しいという、もの凄い執着を捨てて、「次元上昇」に徹していたからなのです。

人間の執着心って、逆にそのものを遠ざけてしまうエネルギーを持っているのですよ。

たとえば、子どもが欲しいと強く願い妊活をしまくり、毎日子どものことを考えていてもできずにいて、仕方がなく諦めて執着をなくした時に、ぽんとできてしまうって話は、よく聞くのですが、全くそのとおりなのです。

ツインフレームに出会うために

執着を手放して自分軸に繋がりハイヤーセルフと共に生きるようになると、魂が本当に必要なご縁をしっかりと結びつけてくれます。

もしも、本書を読んでいる方で、ツインフレームに出会いたいと思っている方がいたら、私を信じて、執着を手放してください。そして、ハイヤーセルフと共に生きる次元上昇に徹し続けてください。そうしたら、必ず、必然の出会いがアナタにも訪れますよ。

11．運気の上げ方

運気の原理

運を上げる努力をしていますか？　パッと、思い付くのは、神社参拝やパワースポット巡りなのではないでしょうか。

もちろん、そうした活動も運気を上げるためによい活動だとは思うのですが、ここでは運気の原理についてお話をしていきたいと思います。

運って、そもそもなんだと思いますか？　思いどおりに物事が進むと答える人がほとんどだと思います。それも、一理あるのですが、もう少し、宇宙視点から見ていくと、運って、「宇宙の波動に乗ること」なのです。

エネルギーの凹凸

地球でも、海の満ち引き、風が吹いたり止まったり、雨が降ったりやんだり、エネルギーが凹凸に動いていますよね。

宇宙空間も同じで、エネルギーが凹凸に動いています。

その波動に合わせていくと、力を入れることなく波に乗る感覚が感じられるのです。この現象が起きたときに、運がよくなったとか運が上がったという現実が訪れるようになります。

川の流れ

川の流れをイメージしてみてください。

川の流れに乗るためには、力んで歯を食いしばって、1点に集中していると、「石」となり、川の中に落ちて浮かばないですよね。力を抜いて、ふわっとしていると「木の葉」になり、川の流れに沿って、進んで行けますよね。

運って、この川の流れと同じで、常にリラックスする必要があるのです。

石と木の葉

目標があるからといって、歯を食いしばって力んでいると「石」となり、沈んでしまいます。

目標がある時こそ、力を抜いて、リラックスして「木の葉」となり、淡々とやるべきことをこなしていくと、ふわっと浮かび、川の流れに乗ることができるのです。

本を書く上でのプロセス

あまりこういうことを暴露してはいけないと思うのですが…実は、私は本書を出版することが決まった時、まだ3万文字しか書けていませんでした。

出版社の社長から、最低でも1か月の間に10万文字書いてきなさいといわれた時、半年かけて3万文字しか書けなかったのに、締め切りが1か月後のタイトスケジュールの中、「どうやったら、この短期間で3倍の執筆を可能にできるのか」、ハイヤーセルフに聞きました。

リラックスと行動

すると、「とにかく、リラックスしなさい。そうすれば、宇宙の波動が言葉となって降りてくるから、それを書けばいいのだよ」と答えてくれて、本当にそのとおりにしています。

まだまだ知名度の低い私が、商業出版が決まるというのは奇跡に近いことで、今の私は「運が上がっている」と自覚しています。

これも、リラックスしながら、ハイヤーセルフから降りてくる言葉と行動を淡々と一致させていたからなのです。

リラックスと行動。このセットが運を上げる決め手となります。「木の葉」になることを思い出してくださいね。

12. 食べモノの気

身体のエネルギー不足

カウンセリングさせていただくときに、たまに身体の中からエネルギーが溢れていない人に遭遇することがあります。その原因を探ると、食生活に原因がある方が多いのです。

カップラーメン、レトルト食品、冷凍食品など…見た目は食事なのですが、エネルギーを見ると、活性されていない食品なのです。

こうしたエネルギーに満ちていない食事を普段からしていると、身体の中のエネルギーに影響してきます。

身体の中から、エネルギーが溢れていないと、オーラにも影響します。そうすると、必然的に引き寄せる現実は周波数の低い現象が起きてきます。

なんとなく、想像つきやすい原理ですよね。

食生活の大切さ

逆に、エネルギーの高い食事を普段から摂っている方を、カウンセリングさせていただくと、身体の中からエネルギーが溢れ出ているのが見えてきます。

やっぱりそうした方々の食事は、大地のエネルギーをしっかり吸収した採れたて野菜を食べていたり、良質の油を使っていたり、気を付けているのですよ。

カウンセリングを始めてから、食生活で体内から出てくるエネルギーがここまで違うのだということを、エネルギーやオーラで教えてくれます。

食べモノが人生を変える

現実を変えたい、もっと豊かになりたいと思う人って多いと思います。そういう方に、とってもおすすめしたいのが、「エネルギーの高い食べモノを食べる」ということです。

エネルギーの高い食べモノを食べると、身体の中でそのエネルギーが溢れ出て、オーラを輝かせる働きをするのです。

そうするとね、磁石みたいに現実が、その溢れ出る高いエネルギーと同じような周波数のモノを引き寄せるのですよ。

周波数の高い現実を引き寄せると、体験できることの質がよくなってくるので、人生そのものが変わってきます。

食生活が、人生そのものに影響を与えるって、カウンセラーをやり始めてから気づかされたことの1つです。ぜひ、高いエネルギーの食事を心がけましょうね。

13. 見る情報の影響

飛び込んでくる情報

現代って、スマートフォンの影響で、情報がいつも目に飛び込んでくる時代ですよね。一昔前までは、新聞を読む、ニュースを見るなど、自ら情報を収集しないと見られなかったのに、今は、自然と飛び込んできます。

情報が飛び込んでき過ぎて、逆に情報疲れを起こしている方も多いのではないでしょうか。

どんな情報に目がふれるかって、自分の現実に反映してくるので、きちんと選択をしながら見るようにして欲しいのです。

情報と脳

どういうことかというと、情報の影響って脳を刺激するのです。

たとえば戦争の映像をたくさん見ていると、自分の脳がその波動に染まり現実世界でもよくケンカを見ることになるとか、浮気することをテーマにした映画をたくさん見ていると、脳がその波動に染まり現実世界で自分のパートナーに浮気をされてしまったり。

本書の中で何度もお伝えしているのですが、脳の周波数で現実はつくられて行くから、脳にどんな刺激を入れるかで現実って変わってくるのですよ。

私は普段、波動の高くなる情報しか入れないようにしていて、聴く音楽も質のよい心地よい音を聴くようにしています。

電車での出来事

そんな私なのですが、少し前に電車の移動中に、たまたま目に入ってきたYouTube動画で、考えられないような事件を解説している動画が気になり見ていたのですね。

内容としては、自分の親を殺して料理してしまった人がいたり、自分の娘に子どもを生ませて監禁したり…。

そうした普通だと考えられないような内容の事件だったのですが、スピリチュアル視点で、どんな心境になって、そんなことをしたのか気になり始めて、３日間、何本かの動画を見てしまったのです。

そしたらね、普段、私には特に不快なことって起きないのですが、電車移動中に、隣に座った男性から何もしていないのにずっと睨みつけられたり、改札を出ようとしたら肩を押されたり、普段では起きない出来事が続けて起きました。

低い周波数の引き寄せ

そう、3日間、私の脳は、犯罪の動画に染まっていて、脳から出る周波数が低い次元のエネルギーを発信してしまっていたので、そういった低い次元の出来事が現実に起きたのです。すぐに気が付いたので、そうした動画を見ないように注意しました。

こんなふうに、脳ってね、本当に磁石なのですよ。だから、何気なく見る映像でもその影響は脳に蓄積されて、周波数となって発信し、その周波数の現実を呼び起こしてしまうのです。だから、なるべく高い次元の情報が目に入るようにすると、引き寄せる現実も高い次元の物事が起きてきますよ。

飛び交う情報は脳に与える栄養素だと思って、慎重に選択してくださいね。上質なものをいただくようにしましょう。

第6章　スピリチュアルな生活

1．瞑想を習慣化

顕在意識をオフ

次元上昇するには欠かせない「瞑想」なのですが、カウンセリングの時にお聞きすると、瞑想をやる習慣がない方がほとんどです。

なぜ、瞑想が大事なのかというと、「意識」の中の顕在意識部分をオフにしないと、潜在意識がオンにならないのです。

潜在意識の中に「超意識」という宇宙意識に繋がる部分があるので、直観力を高めるためには、まずは、顕在意識をオフにする必要があるのです。

こうしてカウンセリングの時にも皆様にお伝えをしているのですが、なかなか行動に移す人も少なくもどかしい現状です。

色々な瞑想

「瞑想」っていうと、安楽座に座って目を閉じて深呼吸を繰り返すことをイメージされる方が多いと思うのですが、何もそれだけではありません。

私が開講している講座、超意識トレーニングでは、高い周波数の音楽を流して、その周波数に脳波を合わせてもらい、その周波数の絵を描いてもらうトレーニングを行っています。

これも、立派な「瞑想」の1つです。

生活の中の瞑想

じっとするのが苦手な方は、ヨガやスロージョギングなどもおすすめしています。

特にヨガは私も毎朝行っているのですが、心・体・魂のバランスを整えるのに、最適な瞑想時間となります。

私はこの時間に、ハイヤーセルフと会議をしたり、エネルギーワークをやったりしています。習慣にすることによって、当たり前にできるようになるのですよね。

逆にいうと、習慣にしないとできません。

なので、自分の生活に溶け込むような「瞑想」のやり方・やる時間を設定して、行うのが当たり前の状態をつくって欲しいのです
そうすることによって、宇宙意識で生活ができるようになります。直観力が鋭くなり、行動に変化が起き、現実が変わり、人生が好転していきますよ。

同時に、エネルギーの質量も変わってきます。これまで、100のことを100のエネルギーでやっていたのが、100のことを1のエネルギーでできるようになります。そうすることによって、時間も労力も削減できて、他にできることが増えてきますよ。

2. 言葉のチカラ

言い方の影響

人の悩みの大半は人間関係といわれていますが、人間関係を構築している手段として「言葉」ってかなり重要になってきますよね。

同じことを表現するのでも「言い方」によって、思っていたこととは逆に受け取られたり、誤解されたり、そんなことが人間関係のトラブルの主な原因なのかなと思います。

この「言い方」って、いくとおりもあるから難しいですよね。しかも会話って、よく考えて喋ることだけではなく突発的に話すこともあるし、丁寧に考えていられない状況も多いと思います。

波長は言葉

私は、午前中にヨガをすることを習慣にしていると先ほどお伝えしたのですが、ヨガスタジオに通って先生に誘導していただきながらやっています。そのスタジオには毎日通っていますが、先生がいつも違い、それぞれの誘導の仕方があるのです。

瞑想の時間は、普段よりも「言葉」に敏感になるため、波長の合う先生の曜日の時は、心地よい瞑想時間になるし、波長の合わない先生の曜日は、意識を自ら高めて瞑想に集中しないと余計な雑念が入ってしまうのです。

ここでいっている波長って、「言葉」の使い方なのですが、言葉の運び方、単語の選択の仕方で、全く違う受け取り方になるのです。

言葉の印象

具体的な例をあげると、「息を吐いてください」と、シンプルに言ってくれたら心地よいところ、「ため息をしてください」と表現する先生がいるのです。

ため息って、精神的に嫌なことが起きたときに息として漏れてしまうイメージがあるため、瞑想中に聞くと、「ネガティブ」な印象になり心地が悪いのですよ。

こうして、同じことを伝えるのにも、「言葉」の選択ってたくさんあるのですが、相手に不快感を与えない言葉の選択が、心地のよいエネルギー交換になり、よい人間関係を築く「元」になるのではないかと思うのです。

心地がよい言葉

じゃあ、どうやったら心地のよい言葉を選択できるようになるかというと、発信する言葉に意識を向けるのではなく、「愛」「感謝」と「思いやり」を常に心の中で抱きながら、話をすることに意識を集中すると、「言葉」そのものが高いエネルギーになるのです。

言葉もエネルギーだから、「愛」「感謝」と「思いやり」から生み出た言葉なら、心に響くのです。「どの言葉を選択するか？」を考えるのではなく、いつも、自分の心を「愛」「感謝」「思いやり」で満たしていることが、エネルギーの高い「言葉」を選択できるようになるポイントなのです。

これができるようになると、人間関係のいざこざも、だいぶ減ってくるはずですよ。

3．朝日を浴びる意味

スロージョギング

私が２０１９年に廃人になった時、次元上昇が必要だと思い大地の上で寝転がりながら瞑想やエネルギーワークをしていたことは、これまでに何度もお伝えしているのですが、同じ時期に並行してやっていたこととして、早朝に朝日を浴びながらのスロージョギングがあります。

その時に、自分のハイヤーセルフから教えてもらったのは、「太陽は宇宙の情報をたくさん流してくれていること」と、「朝日はヒーリング効果が高いこと」です。

ヒーリング効果

スロージョギングをしながら、朝日の光を自分の体内に取り込む意識をして、走っていたのですが、それもあって、次元上昇が加速したのは実感しています。

ヒーリング効果については、朝日を浴びながら深呼吸をすると、誰でもエネルギーが高まるのを感じると思います。気持ちがいいですよね。

朝日が入る家

今、私とパートナーが住んでいるマンションは、高層マンションで、遠くまで一望できる階に住んでいるのです。ベランダから外を見ると、真正面から太陽が昇り、朝日の光が部屋の中を照らしてくれる、気のよい家なのです。

家の中での出来事

ある時、玄関に誰もいないのに人を感知するライトが付いて、パートナーが怖がり、私に霊視をして誰かいたらお祓いをしておいてといってきました。

なので、霊視をしてみたのですが、神様の次元の魂がたくさんうろうろとしているのが見えたのです。これは、お祓いなんかしたらダメだなとそっとして置いたのですが、ハイヤーセルフから言われたのが、「朝日によって、部屋中浄化されているから、次元の低いエネルギーは家には入ってくることができない。安心しなさい」とのことでした。

今、本書も家で書いているのですが、エネルギーが高い家なので、スラスラと宇宙から言葉が降りてくるのです。

これも、朝日のチカラだと確信しています。

次元上昇したいと思ったら、朝日をふんだんに浴びることをとてもおすすめしますよ。その時に、やって欲しいエネルギーワークがあるので、ここでご紹介させてください。

（自宅から見える朝日）

4. 朝日で浄化するエネルギーワーク

ワーク

①早朝に、太陽の光が自分の身体にあたる所にいてください。
②座っても、寝ても、立っても好きな体勢で大丈夫です。
③目を閉じながら深呼吸を繰り返してください。
④空気を吸うときに、太陽の光が自分の体内に入ってきて、息を吐くときに、体内のいらないエネルギーが黒い煙となって出ていくのをイメージしてください。
⑤太陽の光が、頭上から足先まで行き届き、体内のいらないエネルギーが外に、すべて排出しきった感覚になったら、ゆっくりと目を開けてください。

毎朝、朝日を浴びるのを習慣にすると、一気に浄化されていきますよ。ぜひ、試してくださいね。

5. 成功者の共通点

檜町公園

私が、30代からの12年間、画家として活動をしていた時に、面白い出会いがたくさんありましたよ。

当時、アトリエ兼住居を新宿で借りていたのですが、荷物がいっぱいになり過ぎて狭くなり、六本木の小さな事務所を借りて2拠点にすることにしたのです。

その、六本木の事務所の立地が、ミッドタウンの横にある「檜町公園」の隣だったので、毎晩、檜町公園で瞑想とエネルギーワークをやるようにしていました。

当時、成功者になりたい想いが強かったため、エネルギーワークも「港区在住の成功者の人達と繋がりたい」、そんなエネルギーワークを繰り返し行っていました。

河口湖にアトリエ

前の章でお伝えしたことなのですが、友人と河口湖に遊びに行こうということになり、車で向かっているその途中、高速道路を走行中に、「河口湖にアトリエを移動」というのが宇宙から降りてきました。

河口湖は1度観光に訪れたことがあるくらいで、全く未知な世界だったのですが、自分だったら大丈夫という根拠のない自信が出てしまい、そのまま不動産屋に行き、物件を決めてしまったのです。

気分だけは貴族

そして、新宿のアトリエを河口湖に移して、アトリエは河口湖、事務所は六本木という2拠点生活がスタートしたのですが、引っ越した時に全財産を使ってしまい、引っ越しが終わってみると、500円しか持っていない状態でした。

そんな中、ユネスコパリ本部での展示のために、新作を用意しないとならず、締め切りが近いこともあり、お金の工面をしている時間はなかったのです。

そこで、気分だけは「貴族」でいようと、お城のような造りの美術館に毎日通って、そこで開催されていた生演奏を聴き、気分を高めていました。その美術館は、河口湖に住んでいる証明があれば、無料で入れたので、図々しく毎日通いました。

しばらくすると、毎日通う人がいると噂になり、それが美術館のオーナーの耳に入り、お呼びがかかったのです。

きっと、目立っていたのでしょうね。

その美術館のおかげで、気分だけは貴族になっていたので本当の貴族の方と波長が合ったのだと、現実を引き寄せたことがとても嬉しかったです。

５００円からの展開

オーナーに会いに行った時に、ユネスコパリ本部に展示をする作品制作のために、気分を上げたくて美術館に通っていたこと、今はお金が５００円しかないこと…など、色々と話をしたら、次の週に、オーナーが自分の友人をたくさんペンションに呼んで、私の絵画オークションを開催してくれたのです。

そのお陰で、５００円しかなかったのに、今まで持ったことがない金額を1晩で手に入れてしまいました。

2拠点生活

そのオーナーに可愛がってもらえたのは、色々と理由があったのですが、1つにオーナーも自宅は港区でペンションが河口湖の2拠点生活だったのです。

私とは規模は違いますが、同じような生活をしていたので、親近感が湧いたみたいなのです。

河口湖って、港区に住んでいる成功者の方々がペンションを持つ人が多くいて、オーナーのお陰で一気に友好関係が広がり、彼らの日常であるホームパーティーにたくさん呼ばれるようになり、気が付いた時には港区の成功者の方々に囲まれる生活になっていました。

六本木の「檜町公園」で毎晩、港区の成功者と繋がるエネルギーワークを行ったら、一気に引き寄せられた現実です。

成功者からの学び

ご縁があった成功者の方々に、学んだことはたくさんあります。

- まず、成功者の方って、みんな子どもみたいに純粋なのです。感覚が子供過ぎて、逆にぶっとんだ発想になっている人達がたくさんいました。
- 家庭を大事にする人達がほとんどで、ホームパーティーは家族ぐるみで仲よく交流していました。
- スピリチュアル能力が高いこと。スピリチュアルが好きという話ではなく、意識することなく自然と宇宙意識に繋がっていた人達がほとんどでした。
- みんな早起きなのです。早朝に起きてジョギングをしている人達がほとんどでしたよ。心・体・魂によい習慣ですよね。先ほどお

伝えした、朝日を浴びることを自然と習慣にしていたのです。

・最後に「ポジティブ思考」。会話の中で、ネガティブな発言を聞いたことがなかったし、仮に、誰かがネガティブな発言をしても、誰もそこに反応しないでしょう。常に、ポジティブに意識を高めていましたよ。

彼らとの交流で得た学びは、とても大きな収穫でした。これを読んでいる方々で、「成功したい！」と思っている人へ、この経験が参考になったら嬉しいです。

6. 隙間時間の使い方

平等な24時間

人は時間だけが平等に24時間与えられています。この24時間をどう過ごすかで、人生は大きく変わりますよね。

同じ24時間なのに、密度の濃い日々を過ごしている方もいれば、何もせずにあっという間に時間だけが過ぎている方もいます。

時間がないと口癖にしている人もいますが、そういう方は、時間の使い方がヘタなだけなのだとも思います。時間の上手な使い方ってどんな感じなのでしょう。

０・５の動き

私の友人で、製本会社を経営している経営者がいるのですが、彼女に面白い話を聞きました。

うちの会社と他の会社の違いは、０・５の動きが得意なところにあるというのです。０・５の動きとは、自分のやるべき作業が１００だとしたら、それを99・５のチカラで行い、残りの０・５は他の人の作業の手助けをすることなのだそう。

チリも積もれば山となる

その製本会社が忙しくなると、人手不足になり、私もたまにお手伝いに行くことがあるのですが、従業員の人達の動きを見ていると、なるほど、０・５の動きをキビキビとしているのです。

たとえば作業をする人が5人いたとします。

その人達が、自分の作業だけをやっていたら、99・５×５＝４９７・５になるわけですが、それに０・５の動きを足すと、５００になるのです。チリも積もれば山となるの言葉どおり、この０・５の動きが積もると、作業時間が大幅に短縮されて、効率もよくなるそうです。

日常の隙間時間

24時間の使い方も同じで、「隙間時間をどう過ごすか？」で、密度が変わってきます。

電車に乗っているとき、トイレに入っているとき、お風呂に入っているとき、移動で歩いているとき、待ち合わせの時間調整をしているとき…24時間にある隙間時間って、意外とたくさんあるのです。

たとえば、ダイエットしたいけどジムに通う時間がない人がいたとします。そういう人は、電車に乗りながら、かかと上げ体操をやったり、歩きながら移動する時間を早歩きに変えてみたり、色々と隙間時間を有効的に使うことはできるのです。

この隙間時間の使い方、ちょっと意識をするだけで、色々な使い方ができるようになります。

理想の自分に近づくために「今、何をしたらよいのか」を考えながら、隙間時間をうまく使っていきましょうね。大幅に、差が出てきますよ。

7．人から邪気をもらわない方法

邪気とは

邪気って、低い周波数のエネルギーのことなのですが、この低い周波数のエネルギーに影響を受けることを、邪気をもらうと表現しています。

機嫌がよいのに、人からいわれた一言で、気分が落ちたり、電車の中でイライラした人にぶつかられたり…人から受ける、低い周波数って日常の中で溢れていますよね。

そうした、低い周波数の影響を受けないためには、どうしたらよいのでしょう。

人混みの中で

先日、人混みを歩いているときに、私のハイヤーセルフから、突然、「この空間にいる全員に宇宙の愛のエネルギーを送りなさい」と言われました。

見ず知らずの通りすがりの人達、全員にです。

「何でだろう」と思いながらも、言われたとおり、宇宙の愛のエネルギーを降り注ぐエネルギーワークを行いました。

すると、ハイヤーセルフから、「これで、人の周波数を上げることもできるし、同時に自分が低い周波数に影響を受けないバリアの役割にもなるのだよ」と教えてもらいました。

宇宙の愛のエネルギーワーク

「なるほど」と思い、それからどこに行くときでも、その空間に宇宙の愛のエネルギーを降り注ぐエネルギーワークをするようになりました。

そうするとね、不思議と、いつも見ている光景なのに、なんだか神聖な場所に見えたりしてくるのです。それが、電車の中とかスーパーマーケットであろうが、どこでも気持ちのよい空間になります。

見ず知らずの人のエネルギーを浄化し、自分もエネルギーが高まることによって、人からの低い周波数の影響を受けなくなる、そんなエネルギーワークをここで紹介させてください。

8．愛のエネルギーワーク

ワーク

①体勢はどんな体勢でも大丈夫です。歩きながらでも、座りながらでも、深い深呼吸を繰り返してください。

②宇宙空間に大きな光の層があるのをイメージしてください。

③その光の層から、マゼンタ色の光が、空間の中にいる人達に降り注ぐイメージをしてください。

④同時に、その空間にいる人達の体内から黒いエネルギーが出てきて、その黒いエネルギーが、宇宙空間にある大きな光の層に上がって行くのをイメージしてください。

⑥空間全体が、マゼンタ色の光に染まって行

くのがイメージできたら、深呼吸をして終わります。

このエネルギーワークは、たくさんの人がいる空間でもできますが、1対1でもできるワークなので、低い周波数が気になる人がいたら、ぜひ、その人に行って周波数を上げてくださいね。

9. 人が羨ましいときのサイン

ポジションチェック

友人とかで、輝いている人を見ると、アナタはどういう感情を抱きますか？
輝いている人を見ると、その人に対してよかったねと感じる人もいれば、あの人だけ輝いていて悔しいと思う人もいるはずです。

これね、実は、自分のポジションチェックに繋がるのです。

自分軸から外れていると

どういうことかというと、自分軸から外れているときって、他人のよい状態を見ると、羨ましかったり、悔しかったりする感情が出てくるのです。

逆に、自分軸に一致していると、他人のよい状態を「よかったね」とは感じますが、羨ましいとか、悔しいという感情が沸き起こってきません。

なので、人を見て羨ましい、悔しいという感情が出てきたら、「あっ！　自分は、自分軸から外れているのだ」と自覚するようにしてください。

自分軸から外れている状態というのは、「ハイヤーセルフと繋がっていない状態」です。

心の充実

ハイヤーセルフと繋がっていると、自分の「使命」の仕事が忙しくなり、心が充実してくるのです。

高次元の自分と一致しながら、生きることの楽しさに夢中になっていると、人が羨ましいという心境にならないのです。

自分自身に夢中になる

カウンセリングさせていただく中で、自分軸からずれた感覚を持っている方に、たくさん出会います。輝いている人を見て、羨ましいから、その人の真似をして、その人よりも成功しようとしたり。輝いている人を見て、羨ましいから、足を引っ張ろうとしたり。

そういう方に出会ったときは、その方の「使命」について、たくさんお話をするようにしています。周りの人ではなく、自分にしかできない「役割」をお伝えさせていただくのです。

そうすると、だんだんと意識が「他人」から「自分」に向き始め、人のことが気にならなくなってくるみたいです。

もしも、今、誰かを見て、羨ましい、悔しいという思いをお持ちの方がいたら、ここで気が付いてください。それは、「もっと、自分自身に夢中になりなさい」という「サイン」なんですよ。

「自分軸」に一致しながら、輝いた人生を歩みましょう。

10. 金運を上げる方法

銀行で見えてきたこと

人の悩みの上位3位の中に、お金にまつわる悩みってあると思うのです。

前の章でもお伝えしたのですが、私は大手銀行で働いて、東関東トップクラスの営業マンになった過去もあります。その時に、「金運」について、多くのことを学べましたよ。

青山という立地の銀行だったので、いわゆるお金持ちの人達がたくさん利用している支店です。そんなところに1日中いるので、お金持ちの人達の共通する部分っていうのが、自然と見えてきたのです。

印鑑にこだわる

まずね、お金持ちの人達って、「印鑑にこだわりがあり、大事にしている」のです。

銀行って、印鑑を使うじゃないですか。契約をしていただくときに、印鑑を必ず押してもらうのですが、その印鑑にこだわりを持っていたり、扱い方が丁寧な方は、たいていお金持ちでした。

お金持ちのお財布

お財布なのですが、共通していたのが、黒の皮の長財布で、ゴールドのチャックがついているお財布を持っている方が多かったです。

よくお財布はお金のホテルとたとえられますが、お金が心地よいと思うようなお財布を選ぶとお金がたくさん集まるといいます。

これって、迷信ではなく本当にそうだったのですよ。1万円札は専用のポケットに入れて、領収書はお財布には入れない、常にすっきりと整理しておくことなど…大事なことに繋がってきます。

お金がなくなったらワクワクする

少し前に、凄く面白いことがあったので、もう1つ例をお話ししますね。

たまたま、大きなお金を出費することが続き、銀行口座の残高が少なくなった時のことなのですが、ハイヤーセルフに、「お金がなくなったどうしよう!」と言ったら、ハイヤーセルフから、「ワクワクしなさい」と言われたのです。

「お金がなくなった状況をワクワクしなさい。そのお金がなくなった状況からお金がある状況になるためのプロセスを楽しむために、今、お金をなくしているのだから」と言われました。

お金がなくなってから、お金がある状況になるためのプロセスを楽しむって、色々とドラマが繰り広がったり、奇跡的なことが起きたり、その状況を楽しみなさいということだったのです。

根拠のないワクワク

それを聞いてから、根拠のないワクワク感が心に沸き起こったのです。一体、この状況を宇宙はどう導くのだろうと、ワクワクしました。そうしたら、短期間で次々と様々なところからからお金が舞い込んできて、たったの半月で銀行口座の残高を元の状態に戻せたのです。

脳は磁石

脳は、現実を引き寄せるための磁石ということを、本書で何度もお伝えしてきました。
もしも、私が、お金がなくなったことを嘆

いて、「お金がない、どうしよう」ということで頭をいっぱいにしていたら、現実もお金がない状況をさらに生み出します。

私が、ハイヤーセルフから、「お金がない状況から、お金のある状況に変化するプロセスを楽しみなさい」と言われて、そのとおりにワクワクしながら待ち構えていたら、現実が短期間で、お金のある状況に変化してくれたのですね。面白い経験だなと、思いました。

プロセスを楽しむ

もしも、今、お金に困っている人がいたら、「お金がない、どうしよう」と悩むのではなく、「今は、お金がある状態に変化するプロセスを楽しんでいるのだ」という意識に変えてみてください。

そうすると、脳の周波数が現実を変化させて、お金のある状況を引き寄せてくれます。

面白い実験なので、ワクワクした気持ちでやってみてくださいね。

11. 心の傷を癒やして、トラウマをなくす方法

へばりつく傷

人の意識の中には、「顕在意識」「潜在意識」「超意識」がありますが、この「顕在意識」や「潜在意識」の中には、たくさんの心の傷やトラウマが根強くへばりついています。

このね、「顕在意識」や「潜在意識」にへばりついている、心の痛みやトラウマって、実は、過去世から背負っているモノもたくさんあり、今世の自分の傷ではないこともあるのです。

傷の深さ

過去世って、1000人くらいいるので、1000回の人生で積み重ねてきた、痛みやトラウマが今世の人生に影響を与えているのです。

これって、一言で心の痛みといっても、想像つかない規模の深さですよね。

よく心理カウンセラーなどのカウンセリングになってくると、心の痛みそのものに原因を当てていくことが多いのですが、原因って、深海のように深くて見えない部分の原因がほとんどなので、なかなか解決できないでいるケースが多くあると思います。

「超意識」部分を健康にする

先ほどもお伝えしましたが、1000回くらいの人生経験で積んできた、心の痛みやトラウマを少しの手当で治そうとするのは、非常に難しいことなのです。

じゃあ、どうしたらよいのでしょうか？　その答えは、「超意識」部分を健康にして活性化することが第1になってきます。

「宇宙意識」で生きること、すなわちハイヤーセルフと共に生きることなのです。

植物にたとえると

「顕在意識」「潜在意識」「超意識」を植物にたとえます。

「顕在意識」は花、茎、葉などの見えている部分で、「潜在意識」は土の中に入っている根っこの部分。そして、「超意識」は土の部分なのです。

植物が枯れてしまうときって、その花や茎、葉に栄養を与えようとしても、根が腐っていたら、枯れてしまいますよね。じゃあ、根の部分を健康にしようとするとき、その根に栄養を与えてくれる、土部分に栄養を補充していきますよね。

そう、土の部分、すなわち「超意識」部分を健康な状態にすることが、根っこである「潜在意識」、茎や葉、花の部分である、「顕在意識」も連動して健康になることに繋がるのです。

ハイヤーセルフと共に生きると

では、「超意識」部分を具体的にいうと、「宇宙意識」なのですよ。

その「宇宙意識」をさらに具体的にすると「ハイヤーセルフ」すなわち、「高次元の自分」と生きることなのです。

心の傷、トラウマを根掘り葉掘り分析するのではなく、「ハイヤーセルフ」と共に生きるようになると、自然と心

（セミナーにて）

の傷やトラウマって浄化されて行くものなのです。

なので、声を大にして何度もお伝えしています。

「ハイヤーセルフ」と共に生きることを目指していきましょうね。

12．自然の中での瞑想効果

10年間の精神修行

私は、30代の10年間で精神修行を徹底して行った経験があります。無宗教主義なので、１つの宗教に特化したやり方ではなく、ご縁がある宗教の修行に参加させていただくやり方でした。

その１つに密教の断食修行があったり、古神道の３か月の精神修行があったり、パワースポットといわれる場所に行って、瞑想に明け暮れたり、そんな10年間を過ごしていました。

効果の高い瞑想方法

そうした時代を過ぎて、２０１９年の９月に廃人化した話は何度もお伝えしてきましたが、その時に、次元を上げたくて、２年間、ひたすら公園の芝生の上で寝転がりながら、瞑想とエネルギーワークをしていたのです。

この経験が、これまでのどの修行の中でも１番「次元上昇」の効果が高かったと思います。

一気に次元上昇をして、宇宙から降ろせる内容が変わったし、なんといってもハイヤーセルフとしっかり繋がり、共に生きられる状態になったのです。

自然の中がよい理由

その理由は、神社や宗教のエネルギーは「神様」という枠、「人の手」という枠の制限が、やっぱり影響するのですよ。

「神様」もまだ修行中なので、完全なる「源の光」を純粋に流してくれることはできないし、神社などは人が造り上げた建物だから、やっぱり人のエネルギーが充満しているのです。

そうした枠の制限がある空間ではなく、それを超えた空間の中で、瞑想やエネルギーワークを行うことによって、自分のハイヤーセルフと繋がりやすくなるのです。そういう意味で、自然の中での瞑想やエネルギーワークを行うことが1番おすすめなのです。

カウンセリングの中でも、皆様にこのことはお伝えしております。

青空リトリート

だけどね、「わかりました!」といってくれる方々は多いのですが、実際に行動に移す方々って少ないのです。

きっと、やり方がわからなかったり準備が大変だったりするのかなと思ったので、私がまるで、ジムのパーソナルトレーナーのようにサポートをする「青空リトリート」という、リトリートのプログラムを用意しました。

本当に1番おすすめの「次元上昇」の方法なので、多くの人にやっていただきたい気持ちがあります。私も、しっかりサポートさせていただきますよ。ご興味がある方は、ホームページをご覧くださいね。

（昭和記念公園でのリトリート）

13. 愛される人とは

好きになる理由

愛されるって、美人だから愛されるとか、お金持ちだから愛されるとか、頭がいいから愛されるとか、そうした「理由」ってないですよね。

なんか知らないけど好きとか、一緒にいて心地がよいとか、もっと無意識に近い部分で、人を好きとか嫌いってジャッジしていることが多いと思うのです。

この無意識部分ってところがポイントなのですが、人は誰でも無意識部分があり、そこってエネルギーに敏感な部分なのですよね。

無意識部分

言葉にすると理由はわからないけど、「こう思う」とか、「なんとなくこう感じる」、という感覚。

この「無意識部分に反応するエネルギー」って、その受け取る人の持っている周波数が高いと、高い周波数のエネルギーが心地よく「好き」という感情に繋がってくるし、受け取る人の持っている周波数が低いと、低い周波数のエネルギーが心地よく「好き」という感情に繋がります。

誰もが好きな周波数

だけどね、どんな周波数の人でも「好き」なエネルギーがあって、それは「愛」なんです。

「愛」のエネルギーを感じると、多くの人の無意識層に心地よい反応を起こすのですよ。

じゃあ、その「愛」のエネルギーってどうしたら発信できるの？　というと、自分自身を愛すると愛のエネルギーが溢れ出るのです。

自分を愛するようになると

その愛のエネルギーが溢れ出た状態で、人に接すると、相手の無意識層部分に「愛」の周波数が送り込まれ、心地よさを与えることになり、感情部分の中で「なんとなく、好きだなー」と思っていただくことに繋がります。

なので、「人に愛されたい！」と思ったら、まず自分を愛し、自分の中から「愛」のエネルギーを溢れさせることが第1なのです。

自分を愛する方法

「どうしたら自分を愛せるようになりますか？」という質問もカウンセリングの中で受けることがあるのですが、これも、ハイヤーセルフと共に生きるようになると、自分自身が面白くて仕方がなくなります。

厳密にいうと、高次元の自分と接することが何よりも面白くなるのです。

自分が面白くなると、自分が自分のファンになり、大好きと思えるようになります。そうすると、自分の内側のエネルギーも外側のエネルギーも、愛のエネルギーで充満するのですよ。それが、人に伝わり、心地よさを感じてもらえたら「好き」という感情を抱いてもらえることになるのです。

だから人に愛されるようになるには、ハイヤーセルフと共に生きることなのです。

14. リラックス方法

潜在意識をオンにするには

意識の中には「顕在意識」「潜在意識」「超意識」があるといいました。

この、「超意識」部分に繋がることが、宇宙意識、すなわち、ハイヤーセルフと共に生きることに繋がるのですが、じゃあ、どうしたら、繋がることができるのでしょうか。その第1ステップって、「リラックス」することなのです。

「顕在意識」をオフ状態にしないと、「潜在意識」がオンにならなくて、それには、「リラックス」することが大事なのですよ。

答えのない世界

これを、カウンセリング中にお伝えすると、「リラックスのやり方がわからない！」という方が意外と多くて、驚かされました。

リラックスって人それぞれ受け取り方が違うから、答えがない世界なのが現状なのですが、1つだけ誰もが、リラックスできる方法っていうのがあります。

誰もがリラックスできるのは

人って、誰もがお母さんの「子宮」の中にいましたよね。

そこから、オギャーと産まれて、生を受けたわけですが、このね、「子宮」の中にいた時が、最もリラックスしていた状態なのです。

だけど、大人になった今、「子宮」に戻ることって、できないのは当たり前なのですが、「子宮」をイメージした体験はできますよね。

子宮をイメージする

たとえば、温泉で露天風呂の寝湯に浸かることだったり、ウォーターベッドで寝てみたり、真っ暗な中、ロウソクを立てながらお風呂に入ってみたり。

「子宮」をイメージしてできることって、人それぞれあると思います。それを見つけて、実行してみてください。

きっと、感覚が掴めるようになると、これまでに経験したことがないくらい、深いリラックスを感じるようになると思います。

そこが、「超意識」に繋がるための入口なのです。

ホットヨガスタジオ

私の場合は、薄暗いホットヨガスタジオで寝転がっている時間が、今の生活の中では、1番リラックスできている状態になります。

そのときに、寝てはいないのだけれど、意識が遠くに行っているのを感じますよ。

その後に、ヨガをスタートさせると、宇宙意識にしっかりと繋がることができています。

なので、いつもヨガスタジオに行くときは、レッスンが始まる30分前にはスタジオ内に入り、寝転がることを習慣にしているのです。

アナタも、自分なりのリラックス、「子宮」をイメージして、リラックスする時間を確保してあげてくださいね。

これも、エネルギーワークと同じなのですが、習慣にすることが最も大切なので、習慣にできることを取り入れていきましょう。

第7章　人生をクリエイトする

1. クリエイトとスピリチュアル

同じ脳の部分

画家だった私が、なぜスピリチュアルカウンセリングをすぐにできるようになったかというと、チャネリングするときに使う脳の部分が、絵を描くときに使っていた部分と同じだったからです。

チャネリングというのは、高次元の様々な存在とチャンネルを合わせて、そこからメッセージや映像、音などを降ろすことをいうのですが、その時に使うのは、意識の中の「超意識」部分なのです。

質のよい音楽

絵画を描くときにいつも利用していたのが、クラシック音楽や、ヒーリング音楽などの質の高い音楽です。質のよい音楽を流しながら、その音楽の波動に意識を乗せて、描いていました。

なぜかというと、音楽って脳の周波数にダイレクトに届くので、質の高い音楽を流していると、脳の周波数をいい状態に保ってくれるのです。

小説作品を書くときも、本書を書いているときも同じで、質の高い音楽が不可欠なのです。

質の高い音楽を流して、その周波数に脳の周波数を合わせながらクリエイトしていくのは、チャネリングするときの脳の部分を鍛えられます。スポーツでいうと、筋トレのようなイメージです。

超意識トレーニング

だから、「スピリチュアル能力を高めたい！」という方におすすめしているのが、質の高い音楽を聴きながら、芸術をやることなのです。

「やり方がいまいちわからない！」という方が多くいらっしゃったので、そういう方々のために「超意識トレーニング」という講座を開講しています。これは、筋トレのパーソナルトレーナーをイメージしていただくとわかりやすいのですが、筋トレのパーソナルトレーナーにかわり私が、「超意識」部分を覚醒するための具体的なお手伝いをさせていただく講座となっています。

講座の中で、質の高い音楽を流しながら、絵画を描くトレーニングも行っていて、受講者の方々が楽しんで取り組んでいます。興味がある方はぜひ、受けてみてくださいね。

家でもトレーニングはできるので、ぜひ、質の高い音楽を流しながら、何かをクリエイトして、自分の中の「超意識」部分を覚醒するためのトレーニングを行ってみてくださいね。

2. オーラの保護

オゾン層

カウンセリングさせていただく中で、多い質問の1つに「オーラの色を教えてください」というのがあります。

このオーラって、地球でいうと、オゾン層みたいなものです。オゾン層って、太陽からの有害な紫外線を吸収して、地上の生態系を保護する役割があるのですが、人間でいうとオーラがその役割を果たしています。

オーラの形

このオーラを見させていただくと、綺麗な球体で維持している方もいれば、変形している方もいらっしゃるし、またウニみたいにトゲトゲになっている方もいれば、穴が開いている方もいらっしゃって、様々な状態で、その方を取り囲んでいます。

色は変化していくのが特徴的で、その方の現実の状況が影響しているようです。

オーラの役割

オーラの役割としては、現実を引き寄せるときの「のり」のような役割があります。あとは、オゾン層と同じように、様々に降りかかってくるエネルギーから守ってくれる役割があります。

オーラはとても大事な仕事をしてくれるため、カウンセリングさせていただいている中で、綺麗な球体になっていないオーラを見た時には、修復作業をさせていただいております。

この、オーラの修復作業はご自分でもできるので、ここで、オーラを保護するエネルギーワークをお伝えさせてください。

3．オーラを保護するエネルギーワーク

ワーク

①目を閉じて、安楽座で座るか、イスに座って、深呼吸を繰り返してください。

②自分の身体が大きな球体に入っているのをイメージしてください。

③その球体に宇宙から黄金色の光が降り注ぐのをイメージしてください。

④どんどんとその黄金色の光が、球体の中に入ってきて、染まっていくのをイメージしてください。

⑤その球体が、黄金色の光でいっぱいになったら、ゆっくりと目を開けて深呼吸をしてください。

このエネルギーワークは、特に、人混みの中に入ったり、心地よくない交流をした際には、念入りに行ってくださいね。

4. ありがとうの意味

天国言葉と地獄言葉

スピリチュアルの世界では、「言葉には、天国言葉と地獄言葉がある」といわれています。

愛や感謝、思いやりなどが込められた言葉を、「天国言葉」といい、バカや死ねなどのネガティブな意味の言葉を「地獄言葉」といいます。言葉にも魂が宿っていてそれを「言霊」ともいいますが、本当にこの言霊ってパワフルに影響するものです。普段から何気なく使っている言葉、そのものがエネルギーを動かす魔法のような、呪文の役割があるからこそ、天国言葉を極力使うと、現実によいことばかり起きてくるようになるのです。

言葉からのトラウマ

カウンセリングさせていただく中で、親から言われた暴言が意識に染み込んでいて、それがトラウマとなり人生に悪影響を及ぼしている方もたくさんおられ、どれだけ人は言葉の影響を強く受けるのか、目の当たりにしております。

また、普段から、「バカ野郎」などといった言葉を使っている方のエネルギーは非常に乱れていて、その影響で、引き寄せる現実も荒れたことが頻繁に起きている方も多くおられます。

バリア効果

先ほどもオーラの話をしましたが、醜い言葉を使うことはオーラの乱れに関係します。逆に、美しい言葉を使っているとオーラも美しく整ってくるのです。

私のハイヤーセルフに教えてもらったのは、「ありがとう」という言葉を発するのは、美しいエネルギーに包まれることに繋がり、邪気を寄せ付けないバリア効果もあるとのことです。

ありがとう実験

実験が好きな私は、「ありがとう」と1日100回以上言うことを心がけた時があって、その期間に、奇跡的な嬉しい出来事が連発しました。

「ありがとう」の言葉のチカラで、私のエネルギーが美しくなり、周波数の高い現実を引き寄せられたのですね。

邪気払い

また、コンビニなどに入ったときに、店員さんの態度が悪いときってあるじゃないですか。そんなときは、あえてしっかりと「ありがとう」を伝えることも、おすすめします。低い周波数を高い周波数で飛ばしてしまうイメージです。これをやると、自分が低い周波数に影響されなくなるのですよ。

感謝を伝えるための「ありがとう」という言葉ですが、自分のエネルギーを美しくしてくれる効果もあるので、ぜひ、たくさん使っていくようにしましょうね。

5. 年齢を重ねる美しさ

60代からの2極化

今、時代は2極化といわれていますが、60代からの生き方も、かなり2極化が目立っているのが現代の特徴だと感じています。

50代までは、若さで乗り切り、エネルギーが溢れた方が一般的ではありますが、定年などを迎え、60代以上になると、自分の意識がそのまま反映してくるのかなと感じます。

「私はもう、歳だから…」と、新しいことに挑戦しない方もいらっしゃれば、時間などのゆとりができて、「これからが人生だ！」と新しいことに挑戦し続ける方もいらっしゃると思います。

ぜひ、そういう視点で周りを見渡してみてください。きっと、この2極化の現状を理解できる方も多いと思います。

60歳でモデルデビュー

私の友人で、64歳になられた女性がいます。彼女は、なんと、60歳でモデルデビューをしました。きっかけは、長年、OLをやっていたのですが、退職してから何かを始めようとSNSのインスタグラムをやり始めたのです。

ファッションが好きな方なので、自分のファッションのこだわりを投稿していると、それが多くの人の目に留まり、瞬く間に広がりモデルの仕事が増えて、時の人となりました。

笑顔の衝撃

私が彼女を発見したのも、インスタグラムでした。最初に見た時に、彼女の笑顔によい意味での強い衝撃を受け、笑顔1つでここまで人の心を癒すことが、できる人がいるのだと感動したのです。彼女が本を出版されていたので、本屋に駆け込み購入すると、その本には行きつけの美容院の情報が載っていました。

ちょうど、いい美容院を探していたところだったので、すぐに予約を取り、3日後に行ったのです。そして、その美容院で彼女のことをお話ししたら、美容師の方がそれを彼女に伝えてくれたのがキッカケで交流が始まりました。

自分が憧れている方と、交流ができるようになったのは、美容院に行ったという行動力が現実を引き寄せたのだと思います。

深まる交流

彼女は私の活動に興味を持ってくれて、それからはカウンセリングや講座を受講してくれるなど、頻繁に交流するようになりました。

会う度に、彼女がどんどんパワーアップしていく姿を見るのが楽しみだし、それが自分のことのように嬉しいのです。

彼女のモットーは、常にアップデートを意識しながら過ごすことみたいですよ。

生涯輝く人生を

彼女の周りには、同じように年齢を重ねる度に、パワーアップしていく方々が、多くいらっしゃるので、年齢を重ねていくこと事態が楽しいことなのだと教えてくれます。

人生100年時代。60歳だとしたら、残り40年もあるわけじゃないですか。この40年を

キラキラと輝かせて生きるのか、歳だから…と40年間も諦めながら生きるのか。

本書を読んでいただいている方には、ぜひ生涯キラキラした人生を過ごしていただきたいです。

私の友人は、藤原民子さんという方なので、ご興味がある方はぜひ彼女のSNSを見て、彼女の笑顔に衝撃を受けてみてくださいね。

6．人生のリセットボタン

学びの変化

魂が次元上昇をすると、「学びの宿題」に変化が起きてきます。何をするか、誰と過ごすのか、どんな環境に身を置くのか。それらは、次元上昇をすると、どんどん変化していくのです。

人生最初のリセットボタン

私は、10代の時にヒップホップのダンサーやラッパーとして、メディアに色々と出させていただいた経験があります。専門学校などで先生として教えていたりもしました。

そのまま順調に進めば、今でもプロとして活動をしていたのでしょうけれど、大事な魂の「死」という出来事に直面した時に、自分の仕事どころではなくなり、ショックのあまりに自殺未遂を起こしてしまったのです。

最後まで死ぬ勇気がなかったので、生きる選択をしたわけなのですが、生きるのであれば、リセットしないと呼吸すらうまくできそうもない精神状態だったので、海外に行く決断をしたのです。

これが、人生最初のリセットボタンでした。

未知な世界へと

リセットを現実にするために選んだ国はオーストラリアで、誰も知り合いがいない国へとワーキングビザを取得して行ったのです。

自分のことを誰も知らない世界というのは、リセットにとてもよくて、何もかもが新鮮で嫌なことを考えなくて済む毎日を過ごしていました。朝は、サーフィンをして、午後は絵を描いて、海を見ながら自分の心を癒していました。

オーストラリアでの穏やかな日々が半年過ぎた頃、エネルギーがリセットされたみたいで、どんどん元気になりました。活力が戻ると、またアメリカに戻りたくなり、勢いで国を移動しました。20歳の頃です。

大どんでん返し

何をするかも考えずに、ただ幼い頃に生活していた環境に戻りたくなり、ロサンゼルスに戻ったのです。

オーストラリアでのエネルギーリセット期間があったお陰で、自分のエネルギーが高まっていたので、数か月で、メジャーリーグのコマーシャルに出るという、奇跡の現実を引き寄せることができました。

どういうことかというと、ある時、ベニスビーチでカレーを食べていたら、ジャズを歌う歌手に話しかけられて、「俺は、日本で有名なのだ」と言ってきたのに対し、「私のほうが有名だよ」と言い返したのです。

これが、面白がられて、翌日にスタジオに呼ばれて、また音楽制作を始めることになったのです。その音楽制作は、現在でもハリウッドで歌手や女優をやっている日本人の友人も一緒にやることになったのですが、日本語のラップは当時珍しかったこともあり、彼女を通してテレビ局のプロデューサーの耳に入り、メジャーリーグのコマーシャルのオファーが舞い込んできたのです。

所属エージェントもなく、ただビーチでカレーを食べていただけなのに、全米のコマーシャルに出演する流れとなるのは、奇跡的な出来事ですよね。

奇跡を起こした理由

だけど、これはね、私が、日本での活動に1回完全リセットボタンを押したから、次元上昇して、奇跡的な現実を引き寄せられたのです。

もしも、あのまま、日本で悲しみに明け暮れて、エネルギーを変えることなく過ごしていたら、こんな現実を引き寄せることはできませんでした。

リセットボタンとアップグレード

その後の人生も、何度かリセットボタンは繰り返し押すことになるのですが、私の人生はその度に、アップグレードしていますよ。

リセットボタンを押すときのコツとしては、積み上げた環境に執着を持たないことなのです。執着を持って手放せないでいると、次元上昇ができないのです。

執着を捨てること

1の次元の学びを終えて、2の次元に上がるときに、1に執着して手放せないでいると、1から抜け出せません。

1の次元の学びを終えて、2の次元に上が

るときに、２の次元に必要な環境、モノ、人に囲まれないと、２の次元の学びはできないのです。そのためには、１の次元の執着を手放していくことがまず、大事なのです。

次元上昇が起きるときって、必ずリセットボタンを押すタイミングがやってきます。そのボタンを押すか押さないかで、その後の人生が大きく変わってきますよ。

7. 学び続ける喜び

中年期の悩みの多くに

40代や50代の方のカウンセリングをさせていただく中で、これからの人生、何をしたらよいのかわからない、特に資格もないし、これから新しい世界に行く勇気もない、という方が多くいらっしゃいます。

何かをするわけでもなく、なんとなく生きてきたらこんな年になっていたという感じです。

資格を取ること

そんな方々におすすめしているのが、少しでも興味を持っている分野の「資格」を取得することです。

「資格」を取るって試験があることなので、精神的に緊張感が出て、少し追い込まれる心境になるじゃないですか。そんな状況に、自ら身を置くのです。

そうすると、生活にメリハリが出てきて、意識も高まってきます。これが、漠然と自分だけの力で勉強しようとすると、だらだらと時間だけが過ぎてしまうことになりがちなのですよね。

資格からの影響

「資格」の勉強をして、その資格の試験に合格すると、自分に自信が湧いてくるのです。自信が湧いてくると、現実で選択することが変わってきます。

今までは、転職なんて考えられなかったのに、資格があるから、生かすために転職をしてみようとか、この資格を生かして、独立してみようとか。

私自身は、少しでも興味があることを掘り下げて勉強してみたくて、これまで20個の資格を取得してきました。

アップグレード方法

スピリチュアルカウンセラーとして活動をすることに決まった時も、スピリチュアルでは行き届かない箇所に手を伸ばしたい理由から、心理カウンセラーの資格も勉強して取得しましたよ。

この資格のお陰で、心理学とスピリチュアルを融合した「超意識トレーニング」という講座が生まれました。今では、多くの方々に喜んでいただきながら、開講しています。

「資格」を取得することって、自分の人生をアップグレードしてくれるキッカケになるので、皆様におすすめしています。

私も、まだまだアップグレードしたいので、また資格を取得することを考えています。ぜひ、アナタも何か、新しいことにトライしてみませんか。

8. 場所の浄化

様々な場所で

どこか旅行に行ったときに、宿泊することになったホテルの部屋が、なんだか落ち着かなかったり、自分の家の中で、重い空気を感じたり、働いている会社内で怪奇現象が起きたり…場所を浄化したいときってありますよね。

（セミナーにて）

源の光を注ぐ

先日ね、場所の浄化のことで、面白いことを私のハイヤーセルフから教えてもらいました。

たまにご依頼いただいて、除霊をしに行く会社があるのですが、そこの社員の方々がまた会社内の空気が重く感じるとのことで、その日も浄化をしに行ったのです。

いつもどおりのやり方で、浄化しようとしたときに、ハイヤーセルフから言われたのが、「源の光をこの場所に降り注ぎなさい。そうすれば、除霊しなくても、勝手に低い周波数の霊やエネルギーが蒸発して行くから」とのことでした。

新しい浄化方法

なるほど、今までは霊視をしながら、成仏していない霊などを霊界に上げることを1つひとつしていたのですが、そうではなく「源の光」をふんだんに降り注ぐことによって、霊だけでなく、低い周波数のエネルギーが蒸発する、そんなやり方を教えてもらったのです。

これを、従業員みんなができるようになったら、どんな会社でもパワースポットになるなと思いました。

これは、空間であればどこでもできるので、電車の中でも、家の中でも、宿泊するホテルの中でも、車の中でもできる場所の浄化方法なので、やり方をお伝えしますね。

9．場所の浄化エネルギーワーク

ワーク

①浄化したい場所で、安楽座になるか、イスに座りながら目を閉じて深呼吸を繰り返してください。

②目を閉じたまま、浄化したい空間全体を、意識の中で見るようにしてください。
③宇宙空間に大きな光の層があるのをイメージしてください。
④その宇宙空間にある大きな光の層から出る、金色の光が、浄化したい場所に降り注ぐのをイメージしてください。
⑤同時に、黒い煙のようなエネルギーが、浄化したい場所から立ち上り宇宙空間にある大きな光の層の中に消えていくのをイメージしてください。
⑥浄化したい場所が、黄金色の光だけに、染まったらゆっくりと目を開けてください。

このエネルギーワークは、どこにいても、どんな場所でもできるので、色々な場所を浄化してくださいね。

10. リズム感

運が悪いのは

カウンセリングさせていただく中で、「私は運が悪いのです」とか「チャンスがこないのです」というお悩みの相談を受けることがあるのですが、そのときは、運とか、チャンスがないのではなく、リズム感が悪いというお話をさせていただいています。

リズム感がよい人

たとえば、スピリチュアルカウンセリング中に、「お花に関する仕事をスタートさせるといい」というアドバイスを伝えたとします。

リズム感のよい人は、カウンセリングが終わったら、その足で本屋に行き、お花関連の資格は何があるのかを調べたり、求人広告で花に関する募集がないかをチェックしたり、そういう具体的な行動をすぐに起こします。

リズム感が悪い人

リズム感の悪い人は、いつかやろうと行動に移さず、変わらない日常生活に戻っていきます。そして、数か月後に、また、スピリチュアルカウンセリングを受けにきて、同じ悩みを口にします。

リズム感をよくするには

では、リズム感をよくするにはどうしたらよいかというと、これも、「ハイヤーセルフ」と共に生きることなのです。

ハイヤーセルフと共に生きるようになると、「直観」が鋭くなります。この直観で降りてきたことに対して、すぐに行動を一致できるようになることが、「リズム感」のよい生き方に繋がるのです。

運は誰でも上げられる

直観を通して行動を変化させていくと、現実そのものがどんどん好転していき、運気が上がる状態になります。

誰にでもハイヤーセルフは存在しているので、誰にでも運気を上げることはできるのです。

自分は運が悪い、チャンスに恵まれていないと感じる人がいたら、ハイヤーセルフと共に生きるように訓練して、直観と行動を一致させながら「リズム感」をよくしていきましょう。

誰でも、運はよくなりますし、チャンスはやってくるようになりますよ。

この直観と行動というのがポイントになってくるのですが、簡単なようで難しいことも事実です。

常にベストなコンディションで、直観を降ろせるようにしておきましょうね。

11. 自分のペース

富士山の登山

私が25歳の時、友人と一緒に深夜に富士山に登り朝日を見ようと急遽決めて、女性2人で富士山の五合目まで行くバスに乗り、登山へと向かいました。

私達は、登山の知識も、富士山の知識もほとんど持っていなかったので、スニーカー、ジャージという格好で、持参していたのは、懐中電気1つにペットボトルの水と飴だけでした。

大雨警報の中

観光地だから、当然、道がしっかりとありハイキング程度の登山だと思っていたのです。しかも、その日は、大雨警報が出されていたくらいの大雨の日でした。

こんな状態で富士山に登るなんて、今の私ならやるわけがないのですが、当時は若さもあり、勢いだけで生きていた部分があったので、行ってしまったのです。

五合目に到着すると、登山に向かうお客さんは私達の他に、外国人がチラホラといるくらいで、ほとんど人がいませんでした。

コンビニで買った、すぐに破れそうなカッパを2人で着て、出発すると、ことの重大さを5分で体感しました。

真っ暗闇の中、大雨に打たれる、過酷な登山が始まったのです。

頂上を目指して

少し歩いた時に、これは頂上までは無理かも知れないと思ったのですが、人が周りにいないし、真っ暗闇だし、下山するほうが危険だと2人で話し合い、頂上を目指すことにしたのです。

真っ暗闇の中、大雨に打たれて、びしょ濡れになりながら1歩1歩登って行くのですが、スピードを上げると高山病になりそうになり、足を止めて休むと、寒さで凍えてしまうので、ゆっくりと歩くことに集中しました。

ペースを速めると、高山病になり、止まると凍えてしまう。自分の身体に合ったベストな歩幅、スピードで歩くことだけが無事でいられる状況の中、これは人生と同じだなと学ばされたのです。

高山病にもならないスピードで、止まることなくゆっくりと歩き続けたら、頂上まで辿り着くことができて、念願の朝日も見ることができました。

生かされるスピード

その朝日を見ながら、無謀な登山だったけれど、これからの人生、どんな困難がきても乗り越えられるという自信が湧いてきました。

高山病にならない、生かされるスピードって、人生にもあるのです。

その生かされるスピードを保つことによって、必ず、頂上に辿り着くということ。大雨警報の中、登った富士山に教えられた人生の歩き方です。

ただ、これだけはしっかりと、お伝えいたします。

アナタがもし、富士山に登りたいと思ったら、登山の準備をきちんとして、お天気のよい日を選んで、登山してください。

私達の真似は絶対にしないでくださいね。

私達が生きて元気に登りきれたのは、ただ、運がよかっただけで、同じように軽装で富士山に登られた方で、命を落としている方々はたくさんいます。本書を読まれている方々は、そうならないようにしましょうね。

12．一瞬の隙

命がけのサーフィン

前にもお話ししましたが、昔、オーストラリアに半年間住んでいたことがあるのです。その時にサーフィンをやっていました。

オーストラリアって、世界大会が開催される場所なので、波が高いし、波のパワーが強いし、同じサーフィンでも、日本とは全く違う世界なのです。

私は、ド素人だったために、オーストラリアのパワーが強い海に入ること自体、命がけだったのですが、若さの勢いで毎日、波に飲まれながら挑戦していました。

海から教えられた事

その時に、海から教えてもらったことがあります。

サーフボードに乗っかり、波を待っているときに、遠方から大きな波がくるのが見え、一瞬でも「無理かも」と思うと、必ず波に飲まれます。

逆に、「絶対、いける」と根拠のない自信で自分を満たしていると、うまく波に乗れるのです。

まるで、目には見えない大きなエネルギーに乗るような感覚です。

根拠のない自信の強さ

これって、人生も同じでね、追い込まれた状況になった時、一瞬でも「無理かも」と思ったら、海底に叩きつけられることになるのです。逆に、「絶対、いける」と思っていると、よい状況になります。

「根拠のない自信」ってね、本当に大きな力を発揮するものなのですよ。

もしも、何かに追い込まれることがあったときには、「根拠のない自信」で自分自身を奮い立たせてくださいね。そうすると、必ずうまくいきますから。

13. 人間関係の断捨離

理想の関係

多くの方に、「人間関係の断捨離をしたほうがよいのか?」というご質問をいただきます。

モノも、環境も同じなのですが、基本的には、理想の自分を思い浮かべて、その自分に合ったモノに囲まれ、環境をつくると、理想の自分が現実化しやすいのです。

人間関係も同じで、理想の自分を思い浮かべて、その自分に合った人達と交流をするのが高め合える仲間と出会えるポイントとなります。波長が合わない方と、ご縁を切るまではしなくても、距離感の見直しはいいと思いますよ。

強制断捨離

私は2019年に廃人になった経験があると何度もお話ししてきましたが、結果的に、強制的な人間関係の断捨離を体験しました。

当時、友人関係、お客様の管理など、すべての繋がりをスマートフォンで行っていたのですが、そのスマートフォンが、原因不明で壊れてしまったのです。

データーのバックアップもしていなかったので、自分の家族以外は誰とも連絡が取れない状況になりました。

リセットのタイミング

ちょうどその時、仕事も失くし、低次元の層に引っかかり、家から1歩も出ることができない精神状態だったので、もしも、連絡が取れたとしても誰ともお話ができませんでした。やはり結果的にはよかったのかなと思います。

仕事も、友人、お客様も失い、体調不良が3か月の間に起きるのは、普通だったら考えられないから、逆に、「これはリセットするタイミングなのだな」と、受け入れて、次元上昇をする期間を設けました。

2年間、次元上昇をするために、瞑想やエネルギーワークに時間を費やしたのです。

それはある意味、とても深い精神修行の期間でしたよ。

新たな人間関係

そして、ハイヤーセルフから「２０２２年2月にスピリチュアルイベントに出なさい」と言われて、そこからスピリチュアルカウンセラーとして活動しておりますが、この2年間で、自分が理想とする人間関係が次々と生まれています。

廃人になるまでの人間関係は、たくさんの知人はいましたが、もしも、自分が死んだ時に泣いてくれる人はどれだけいるのだろうという視点で見ると、非常に少なかったと思います。

次元上昇して、再び人間世界に戻ってきたこの2年間で生まれた人間関係は、もしも、私が死んだら、きっと泣いてくれる人なのだろうなという繋がりばかりなのです。

いつもね、心が豊かになる人間関係を育んでいますよ。

引き寄せる前には手放すこと

私の場合は、強制的に人間関係の断捨離をさせられたのですが、そのことがあったから、今の温かな人間関係があるのだと思います。

理想のご縁を引き寄せるには、理想ではないご縁を手放すことが第1になるので、まずは、理想の自分を思い浮かべてみましょうね。もしも、周りを見渡してみて、理想の人間関係ではなかったら、スケッチブックなどに、芸能人や有名な方の切り抜きを貼って、その方々と交流しているイメージを持つことも、パワフルなエネルギーワークになりますよ。

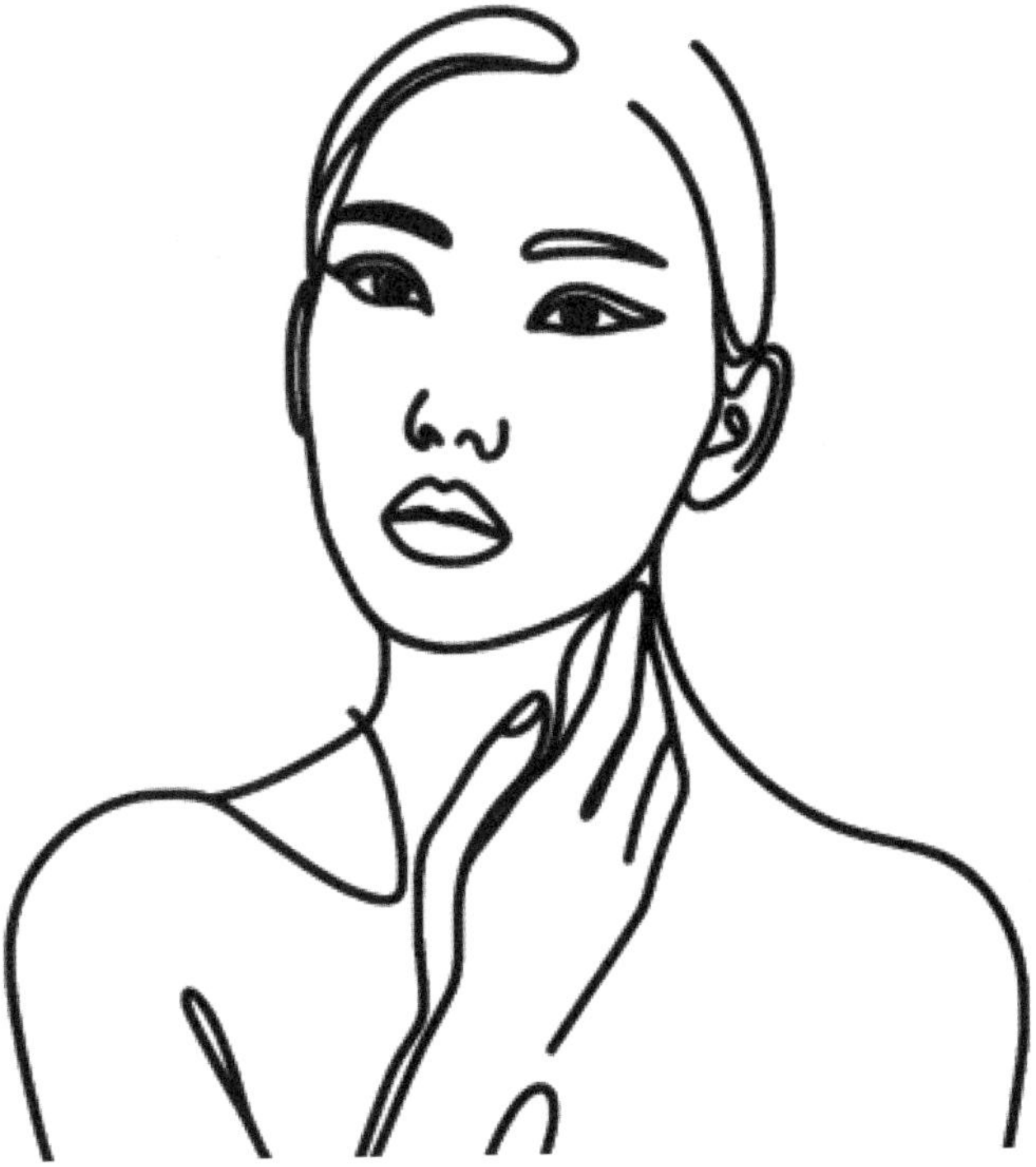

14．場所の影響

友人のプロセス

私が画家をやっていた頃の友人で、銀座に数店舗バーを経営していた方がいました。今でも、彼の生きざまが参考になっているので、お話いたしますね。

元々、大阪出身の方だったのですが、裕福ではない家庭に生まれ、随分とお金の苦労をしたみたいなのです。10代の時に、何も持たずに東京に出てきて、ホステスさんがいるクラブのウェイターとして、住み込みで働かせてもらっていたのだそうです。

発想の転換

そこで、彼は毎晩やってくる成功者のお客様達を観察していました。そして、彼らのようになるにはどうしたらよいかを、考えたときに、その人達が利用する一流ホテルを使うようにしてみようと思ったのです。

しかし、ウェイターなのでお給料はそんなに高くなく、一流ホテルに宿泊することはできませんでした。

彼が考えたのは、出勤前に一流ホテルに立ち寄り、トイレを利用することを毎日の日課に取り入れたのです。

トイレなら、無料で借りることができるし、一流ホテルのトイレはいつも綺麗で豪華だから、それだけでエネルギーが高まっていたのです。

成功者になる

そんな彼は、今では青山にある3億円のマンションに住みながら、銀座で数店舗もバーを経営して、成功者になったのです。

場所から発信されるエネルギーってあるし、そこに集まる人が発信するエネルギーもあります。彼は、成功者の人達が発信するエネルギーが集まる場所に、身を置くことを習慣にして、波動を合わせていったのです。

どこで何をするかって、とても大きな影響なのですよね。

理想の自分を想い描いて、その自分に合った場所に身を置く習慣。その場所と、波動を合わせていくこと。ぜひ真似をしてみてくださいね。

私が彼と似たような習慣を若い時から持っているのが、吉野家や松屋などのチェーン店に行かないようにはしています。そういったチェーン店は、とりあえず行くというイメージが強いため、とりあえずの選択をしたくないからです。とりあえずの選択では、波動の高い現実は引き起こせないものなのです。とりあえずではなく、しっかりと選択をしていきたいのです。

15. 子どもの遊び

純粋の魅力

最後に、私のパートナーについて、お話いたしますね。

私がなぜ、パートナーの彼女に惹かれたかというと、今までに見たことがないくらい「純粋な人」だったからです。それは、まるで、5歳の少年と少女を合わせて、大人の身体に入れちゃったという感じなのです。

あまりにも、純粋過ぎて、心配になる時もあるのですが、彼女の周りはよい人達がたくさん集まり、同じように純粋な方々なので、類は友を呼んでいるのだなと、基本的には安心して見守っています。

スピリチュアルへの挑戦

彼女は、私と出会うまで、スピリチュアルな世界には全く興味がなかったのですが、私と一緒になり、影響を受けて、意識が自然と宇宙意識になってきています。

私が開催している講座などにも興味を持ち、生徒として参加をしたりしながら、少しずつ自分の中に取り入れているようです。

今では、ハイヤーセルフという言葉も使うようになりましたよ。

子どもと瞑想

ただね…子どもって、瞑想しなさいとかいっても、じっとしていられないし、エネルギーワークを教えても、飽きちゃって習慣にできないのは、なんとなく想像つきますよね。

そう、彼女って本気の子どもなので、瞑想も苦手だし、エネルギーワークも飽きちゃってやってくれないのです。

最初は、「エネルギーワークをやろうね！」と頻繁に私も、言っていたのですが、これは無理だなと諦めた時に、彼女からチャネリングしてと頼まれたことがありました。

想定外のチャネリング

その時にね、彼女のハイヤーセルフにアクセスをしたら、思いがけず、想定外の凄いことを教えてもらえたのです。

「子どもの頃の遊びをたくさんやらせなさい。そうすれば、エネルギーの浄化に繋がりパワーアップしていくから」とのことでした。

なるほど、だから彼女は、凧揚げ、キャッチボール、かくれんぼ、キックボードで山手線1周するとか…そうした、子どもがやるような遊びをいつも夢中でやっていたのですね。

私は、彼女の遊びになかなかついていけないことが多かったのですが、今は愛犬がいるので2人で仲よく遊んでいますよ。そして、私はそれを見て、楽しんでいます。

ワクワクエネルギーのパワー

子どもって、遊んでいる時にワクワクエネルギーが全開に発信されるじゃないですか。あの状態って、スピリチュアル視点でいうと、エネルギーが浄化されて、源から光が降りてきている状態みたいなのです。

それをね、大人になっても、夢中になって遊ぶことによって、ワクワクエネルギーが全開に発信されて、エネルギーが浄化されて、源から光が降り注ぐ現象が起きるみたいなのです。

瞑想に飽きたら

これまで、たくさんのエネルギーワーク、浄化方法などお伝えしてきましたが、もしも、私のパートナーのように、瞑想やエネルギーワークに飽きちゃったら…。

とにかく、子どものように夢中になって遊んでくださいね。

この話をもし過酷な修行を積みながら、魂の成長をしてきた聖職者が読んだら、自分達がやってきた苦労はなんだったのかと思うかも知れません。

私も、それなりに過酷な精神修行も経験してきたので気持ちはわかります。

だけどね、もう、時代は変わっていて、誰もが簡単に「覚醒」できる時代になっているのです。

その道の1つに、「子どものように夢中に遊ぶ道」もあるようですよ。

さあ、何をして遊びましょうか。

おわりに

冒頭でお伝えしました「八方塞がり」のときの天の見方、少しはお役に立てたでしょうか。私自身、ここまでくるのに何度も八方塞がりの経験を積んできて、その度に、天を見てきました。私の経験からの学びが、アナタの人生のお役に立てることができたらと思い、本書を出版させていただきました。

本書の表紙で使用している「曼荼羅」は、置くだけで、その場のエネルギーを高めるために描いた絵なので、本を読み終わった後も、活用していただけたらと思います。

画家として絵を描くことはもうしませんが、この表紙の曼荼羅を描いたことがキッカケで、再び筆を取ろうと思うようになりました。これからは、スピリチュアルカウンセラーとして、アナタのための「曼荼羅」を描き、お守りの役割をしていきたいので、ご興味がある方は、ホームページからご確認くださいね。「曼荼羅の絵写経会」なども開催したいと思っています。

今、地球はどんどん、次元を上げながら進化しているので、地球人である私達の意識もそれに合わせて次元を上げていく必要があります。

ハイヤーセルフと共に生きることで、「神人」である新人類への仲間入りができるので、これを機会に、宇宙意識へと目覚めて欲しいです。もしも、お話をしてきた内容で、ピンとくるものがあれば、明日からではなく、今すぐに行動に移してみてくださいね。

この世界には、数え切れないほどの書籍が生み出されています。その中で、この作品に出会って最後まで読んでいただいたというのは、奇跡に近い運命だと思っています。

だからこそ、このご縁を無駄にして欲しくないので、私の知識経験が、アナタの魂の成長に少しでもお役に立つことができるなら、こんなにも嬉しいことはありません。

自分1人では不安という方もいらっしゃると思います。そんな方は、私が開催している講座などにぜひ、ご参加くださいね。もちろんお悩みがあれば、スピリチュアルカウンセリングで、一緒に解決もしていきますよ。

さらに、次元上昇を目指していきましょうね！

本書をつくるにあたり、タイ在住の友人達である平井姉妹、忙しい中、たくさんの挿絵を描いてくれて、ありがとう。

カナダ在住の姉夫婦、寛美さん、正美ちゃん、2人にはいつも支えられているよ。ありがとう。

そして、そばで豊かさを与えてくれている、みどりさんと、純子。2人が注いでくれている、日々の愛情のお陰で、たくさんの方々に愛を流すことができているよ。ありがとう。

愛犬のヒメ、私が執筆中に、おりこうでいてくれたね。いつも癒してくれて、ありがとう。

まだまだ発展途上の私に、このような出版というチャンスを与えてくださった、セルバ出版の森社長、いつかご恩返しができる自分になるために、これからも精進してまいります。

最後まで読んでくれて、ありがとうございました。

アナタを応援している、三田じゅん

三田じゅん website：www.mitajune.com

著者略歴

三田　じゅん（みた　じゅん）

作家 / ユタ（スピリチュアルカウンセラー）
奄美大島人、アメリカ育ち。
幼少の頃からスピリチュアル能力が高く、お祓いなどを自然とやっていた。30 代からの 12 年間、画家をやりながら、国内の聖地で精神修行を徹底して行う。ユタ特有のカミダーリを 2010 年、2019 年に経験する。それを機に、更に高次元へと繋がることができるようになり、スピリチュアルカウンセラーとして、カウンセリングを行ったり、講座などを開講する。心理カウンセラーの資格も所有。
スピリチュアル能力を活かして、執筆活動や「曼荼羅」を描くことも行う。

著書に『ボク達と猫』。スペシャルティコーヒーのオタク。
WEBSITE → www.mitajune.com

ユタによる、八方塞がり天の見方

2024年 5 月31日　初版発行

著　者　三田　じゅん　© June Mita

発行人　森　　忠順

発行所　株式会社 セルバ出版
〒 113-0034
東京都文京区湯島 1 丁目 12 番 6 号 高関ビル 5 B
☎ 03（5812）1178　FAX 03（5812）1188
https://seluba.co.jp/

発　売　株式会社 三省堂書店／創英社
〒 101-0051
東京都千代田区神田神保町 1 丁目 1 番地
☎ 03（3291）2295　FAX 03（3292）7687

印刷・製本　株式会社 丸井工文社

Printed in JAPAN
ISBN978-4-86367-889-7